U0905213

珍藏本
纪念版

汉译世界学术名著丛书

# 古代民主与现代民主

〔英〕M.I.芬利 著

郭小凌 郭子林 译

商务印书馆
SINCE 1897 The Commercial Press

2017年·北京

M. I. Finley

**DEMOCRACY: ANCIENT AND MODERN**



Simplified Chinese translation rights arranged with

Rutgers University Press, Piscataway, New Jersey

根据罗格斯大学出版社 1985 年版译出

# 汉译世界学术名著丛书
# （120年纪念版·珍藏本）
# 出 版 说 明

2017年2月11日，商务印书馆迎来120岁的生日。120年前，商务印书馆前贤怀揣文化救国的理想，抱持“昌明教育，开启民智”的使命，立足本土，放眼寰宇，以出版为津梁，沟通中西，为中国、为世界提供最富智慧的思想文化成果。无论世事白云苍狗，潮流左右激荡，甚至战火硝烟弥漫，始终践行学术报国之志，无改初心。

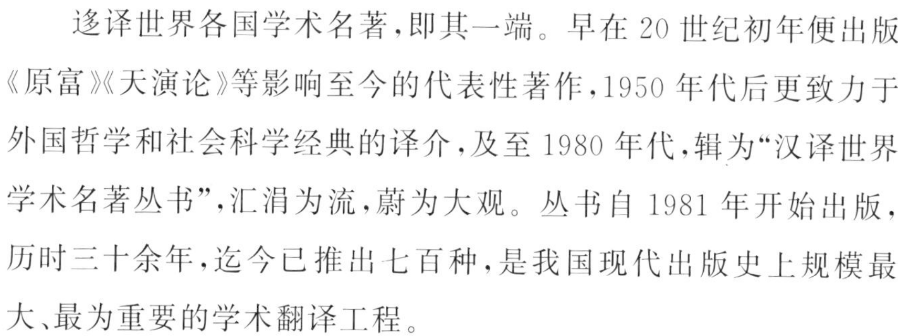

逡译世界各国学术名著，即其一端。早在20世纪初年便出版《原富》《天演论》等影响至今的代表性著作，1950年代后更致力于外国哲学和社会科学经典的译介，及至1980年代，辑为“汉译世界学术名著丛书”，汇涓为流，蔚为大观。丛书自1981年开始出版，历时三十余年，迄今已推出七百种，是我国现代出版史上规模最大、最为重要的学术翻译工程。

丛书所选之书，立场观点不囿于一派，学科领域不限于一门，皆为文明开启以来，各时代、各国家、各民族的思想与文化精粹，代表着人类已经到达过的精神境界。丛书系统译介世界学术经典，引领时代思想，为本土原创学术的发展提供丰富的文化滋养，为推动中国现代学术和现代化进程做出了突出的贡献。

为纪念商务印书馆成立120周年，我们整体推出“汉译世界学术名著丛书”120年纪念版的珍藏本，寄望既利于文化积累，又便于研读查考，同时向长期支持丛书出版的译者、编者和读者致以敬意。

两甲子后的今天，商务印书馆又站在了一个新的历史时间节点上。我们不仅要铭记先辈的身影和足迹，更须让我们的步伐充满新的时代精神。这是商务人代代相传的事业，更是与国家和民族的命运始终紧密相连的事业。我们责无旁贷，必须做好我们这代人的传承与创造，让我们的努力和成果不仅凝聚成民族文化的记忆，还能成为后来人可以接续的事业。唯此，才能不负前贤，无愧来者。

商务印书馆编辑部

2017年10月

# 中译者序

摩西·芬利(1912—1986)教授不是公共知识分子,但他的名字在古典学或古希腊罗马史领域却如雷贯耳,被誉为20世纪英语世界最出色的两位古典学家之一。

举凡学术大家,都是在他从事的研究领域内既能做深入具体的微观分析,又能进行合理准确的中观、宏观归纳的人。而后一种能力又必须以渊博的学识和严谨的理论思维为基础。芬利正是这样的人。在他学术生涯的中晚期,其主要注意力集中在古典世界的经济史、政治史、社会史、文化史以及史学理论与史学史之类大问题上,在每个方向都能言他人所不能言,成就引起同行认真思考、发挥甚至热烈讨论的一家之言。就理论思维的高度,观点归纳的新颖、雄辩程度、学术视域的宽阔和对现代世界的了解而言,我个人以为西方古典学界至今无出其右者。

这本《古代民主与现代民主》便是他的代表作之一,其意义不可低估。这是20世纪的西方学界对古代与现代民主进行比较研究的开山之作,引领了20世纪后半叶以来西方学界的古代民主研究热,并使这一研究方向最终发展成为显学,积累出蔚为大观的学术成果,并在20世纪90年代达到了高点:各种专题会议、文集、专著、展览层出不穷。在西方学界庆祝雅典民主诞生与现代民主胜利的狂欢声中,正是古典学界首先对福山的"历史终结"论及时提

出冷静的质疑，显示出古典学人的深谋远虑和学术功力。当然，芬利没有看到这番热闹景象，但他的绝不循常习故的质疑与批判精神却没有随他而去，并显然得到了发扬光大。

芬利自言《古代民主与现代民主》是与现代精英理论家们论战的产物。20 世纪中叶，民主成为“政治正确”的人类自我管理形式不久，理论上的民享、民有、民治与现实中的精英决策与统治还明显貌合神离（顺便说一句，现在仍然如此），而精英理论家们却为民众对政治与选举的冷漠大力辩护，视之为民主的正常现象。芬利对此不以为然。他以古代民主的实践比照现代民主，认为 18 世纪以来对于古代民主的许多批评是违背事实的，古代民主才真正具有民主的实质，而现代民主不过是徒有其名而已。

芬利期望现代民主应像雅典民主一样，改变实际上的精英统治、选民只是政党政治家或蛊惑家对自身政策予以合法化的工具现象。当然芬利也有偏颇之处，他未指出古代民主也存在公民的政治冷漠问题，比如频繁的公民大会平时只有 3,000 左右的出席者，6,000 便是绝对多数，而雅典成年男性公民却在 30,000—40,000 之间。但芬利的过人之处在于他看到了古代直接民主与缺乏政党组织依托的政治家之间是反向的依附关系，缺乏组织支持的政治家很难操纵和决定议案是否能在公民大会上通过或否决，他们必须说服具有政治经验的与会者，并时刻小心谨慎，以免失去公民的信任。换句话说，现代民主弊病多多，其中最重要的一点，用芬利的概括就是：“现在存在着一种意识形态的共识，即对抽象的有关‘民主信仰’的一般陈述表示赞同的共识，这无疑不应否认。然而，问题是这种共识所反映的‘象征性的满意’在多大程度上掩盖了深刻的沮丧，在多大程度上被广泛流行的政治冷漠准确地记录下来。这种政治冷漠源于无能为力的感觉，源于不可能与那些在政府决策中占尽优势的利益集团进行抗争的现实。共识的代价乃是由被排除于共识之外的人支付的。”对照现实中的民主，情况依然如此，发达国家的选民在大选中一般只有50％的投票率，这意味一半选民对四五年一度的投票权持怀疑与放弃态度。对此，芬利尖锐指出：“政治冷漠远不是健康的民主制所必须的条件，而是对不同利益集团在决策领域的不均衡现象所做的退出反应。”这无疑对现代的民主崇拜思潮和被许多人津津乐道的精英理论兜头泼了一盆冷水。

为什么芬利对民主精英理论嗤之以鼻？他的个人际遇可能是一个原因。芬利曾经是20世纪蓬勃发展的国际共产主义运动的同情者。在席卷美国的麦卡锡反共狂潮中，他被他曾经热心帮助过的德国流亡者魏特夫(《东方专制主义》一书作者)出卖，被指为共产党员。他先后至国会非美活动委员会和参议院内部安全分委员会接受审问，均援引宪法第五修正案拒绝回答自己是否是共产党员的问题。他所在的罗格斯大学董事会在联邦调查局局长胡佛的压力之下，解除了芬利的教职。在连生活都无保障的情况下，英国剑桥大学与牛津大学向他伸出了援手。芬利选择了剑桥大学，并最终放弃了美国国籍。直到去世，他一直在剑桥从事教学与科研工作，因卓越的学术成就而被女王封为爵士，并担任剑桥大学达尔文学院院长。芬利众多著述的内容显示他比较熟悉马克思主义的基本理论，尤其熟悉欧洲马克思主义的基本观点。他的解释常常呈现出与马克思主义的经济和社会分析方法相似的地方。但他

从来没有说过自己欣赏马克思主义，相反他不时对马克思主义的一些方法和观点予以揶揄或批评，有意保持与马克思主义的距离，似乎在避免授人以柄。

本书的内容，基于作者在自己先前的学校——罗格斯大学所做的学术报告。罗格斯大学在解聘芬利二十年后盛情邀请他作为新建的梅森·韦尔奇·格罗斯讲座的第一位讲演者，其用意不言而喻。

芬利认为古代民主与现代民主根本不同，理由是历史条件大变了，这里有黑格尔认识法的痕迹。笔者却更多地看到二者之间的共同性，前者是后者的镜子，理由在于虽然两者有两千多年的间隔，但制订、实施、管理民主体制的人还是同类人，在生物学上属于同一物种，即人科人属智人种，因此基本人性未变，基本行为取向没有也不可能有根本的改变。这也是当我们阅读古典著作时，常常在不知不觉中模糊了古代与现代的界限，感觉古希腊人的追求、向往、基本行为方式与所作所为，同我们似乎没有多少差别，古人拨动的琴弦始终能在我们的心头引起共鸣。鉴于此，古希腊人对于社会人生以及各种政体（不应忘记，古希腊是古代唯一的各种政体的实验室）的认识和实践完全可以作为我们参考与借鉴的对象。

郭小凌

2015 年 7 月 15 日

# 目　　录

# 第二版前言

在当今西方世界，人人皆是民主分子。这是一种与一百五十 ix
年前的流行状况迥然有别的变迁。这种情况之所以成为可能，部
分原因在于最初的古希腊民主理念中的平民参与思想由于一种理
论的传布而大为减色，该理论认为缩减平民的参与成分是合情合
理的。这种通常被称作精英的理论认为，民主政治实际上只有在
职业政治家和官僚组成的寡头集团的治理下才能运转并幸存下
来，必须把平民的参与局限在偶尔举行的选举范围之内。换句话
说，平民的政治冷漠是件好事，乃是社会健康的标志。

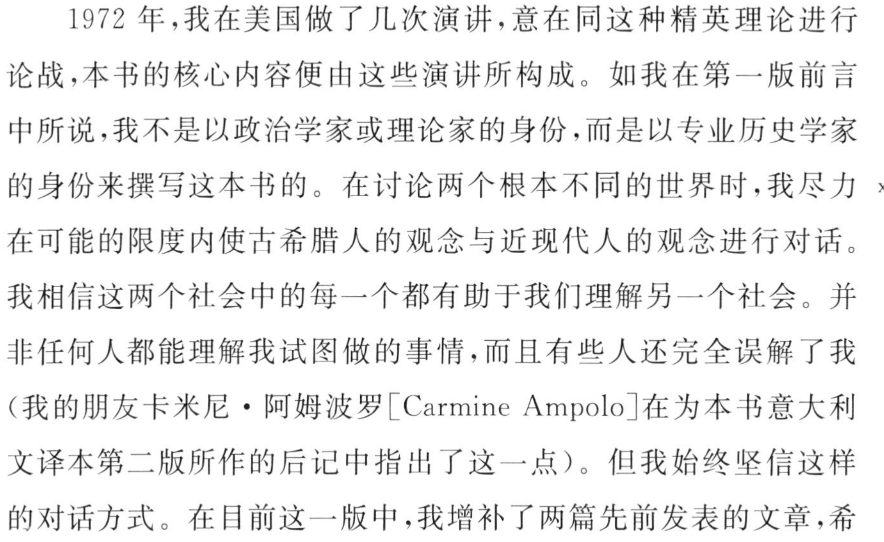

1972 年，我在美国做了几次演讲，意在同这种精英理论进行
论战，本书的核心内容便由这些演讲所构成。如我在第一版前言
中所说，我不是以政治学家或理论家的身份，而是以专业历史学家
的身份来撰写这本书的。在讨论两个根本不同的世界时，我尽力 x
在可能的限度内使古希腊人的观念与近现代人的观念进行对话。
我相信这两个社会中的每一个都有助于我们理解另一个社会。并
非任何人都能理解我试图做的事情，而且有些人还完全误解了我
（我的朋友卡米尼·阿姆波罗[Carmine Ampolo]在为本书意大利
文译本第二版所作的后记中指出了这一点）。但我始终坚信这样
的对话方式。在目前这一版中，我增补了两篇先前发表的文章，希

望这两篇文章将澄清和详细阐释我的思想。我也在书中做了些许改正，在注释中加了若干较新的参考材料。

M. I. 芬利

剑桥大学达尔文学院

1984 年 11 月

# 第一版前言

作为梅森·韦尔奇·格罗斯讲座(Mason Welch Gross Lectures)[*] xi 的第一位演讲者,我4月份[**]在新布伦瑞克(New Brunswick)[***]做了三场演讲。本书内容便由这些演讲组成。尽管我对讲稿做了稍许扩充、修改和注释,但文本内容并没有实质改变。这个题目,在某种程度上也可以说是这种方式,证明我的做法似乎是恰当的:我既以古史专家的身份进行讲演,又用古代(希腊)的经验阐述当代的重要论题——民主理论。这样的讨论曾经颇为常见,现在却已被废弃。但罗格斯大学的听众表现出的兴趣,至少表明我的想法是正确的。这是一种合情合理,甚至是富有成效的方式。



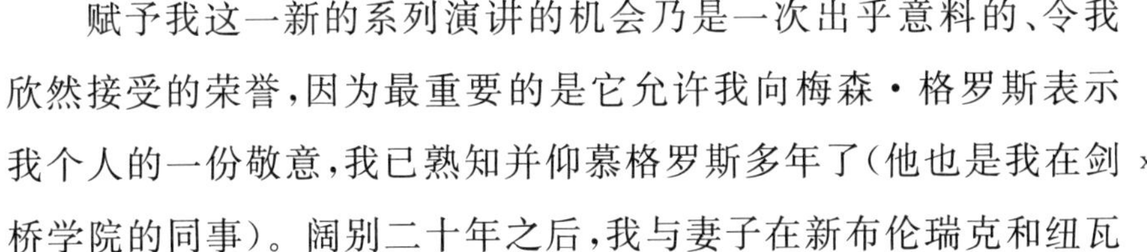

赋予我这一新的系列演讲的机会乃是一次出乎意料的、令我欣然接受的荣誉,因为最重要的是它允许我向梅森·格罗斯表示我个人的一份敬意,我已熟知并仰慕格罗斯多年了(他也是我在剑 xii 桥学院的同事)。阔别二十年之后,我与妻子在新布伦瑞克和纽瓦

[*] 梅森·韦尔奇·格罗斯是美国新泽西州州立大学(又称罗格斯大学)第十六任校长(1959—1971)。为纪念他对大学的贡献,该校设立了以他名字命名的讲座。——译者

[**] 1972年4月。——译者

[***] 位于美国新泽西州的罗格斯大学新布伦瑞克分校。——译者

克(Newark)度过的八天无法仅仅用温暖和亲切之类的话语来表达。在此,我谨向新布伦瑞克的接待人迪克(Dick)和苏赞尼·施莱特(Suzanne Schlatter)以及纽瓦克的接待人贺拉斯·德·波多尔德(Horace de Podold)表示特别的感谢。而其他带给我们快乐的老朋友和先前的学生,相信会谅解我无法一一提及他们的名字。

我还必须对我的友人和同事——基督学院的昆廷·斯金纳(Quentin Skinner)表达感激之情,他在我准备这本书的很多时间里提出了非常宝贵的建议。我也必须感激我的妻子,我所有的书都得到了她的帮助。

M. I. 芬利

剑桥大学耶稣学院

1972 年 7 月 24 日

# 第一章　领袖与追随者

也许最广为人知、无疑也是最能自吹自擂的现代民意调查研 3
究“发现”(discovery)▲，是西方民主国家中的大多数选民都是既冷漠又无知的人。他们不能陈述重大问题，对大多数这类问题漠不关心。很多选民不知道共同市场是什么，甚至不知道联合国为何物。许多选民不晓得他们的代表的名字，或者对哪个人在竞选什么职位一无所知。议员们在吸引民众参与一场游说活动时，如果他们是明智的，就始终会随身亮出下面这样的告示：“如果你们不能确认你们自己的参议员和众议员，那么可以在你们的公共图书馆获悉他们的名字。”[1] 在一些国家，大多数选民甚至嫌麻烦而不愿行使自己的宝贵投票权利。

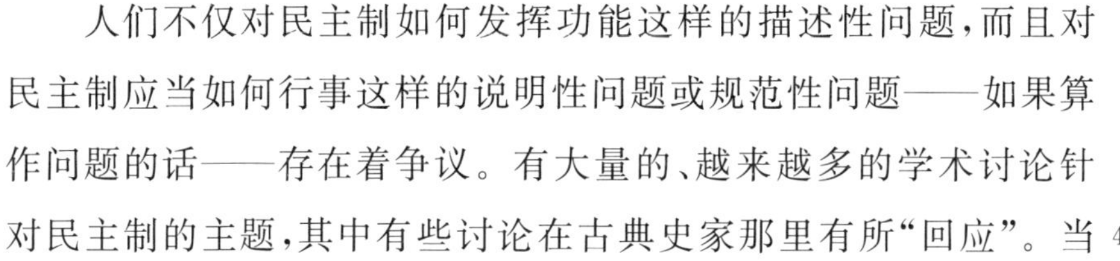

人们不仅对民主制如何发挥功能这样的描述性问题，而且对民主制应当如何行事这样的说明性问题或规范性问题——如果算作问题的话——存在着争议。有大量的、越来越多的学术讨论针
对民主制的主题，其中有些讨论在古典史家那里有所“回应”。当 4



▲ 我在引号中使用“发现”一词，因为较老资格的政治分析家非常熟悉我说的这种现象。

西摩·马丁·利普赛特(Seymour Martin Lipset)* 写道:极端主义运动“对于社会各阶层中的不满现实者和心理空虚者,失意者,孤闭者,生活无保障的人,文盲,不懂世故和崇尚威权的人都具有吸引力”时,[2] 这种对没有教养和不谙世故的人的“强调”,简直就是柏拉图对鞋匠和小店主们在政治决策中所起作用始终持否定态度的“还魂再生”。** 亚里士多德认为最好的民主制存在于一个拥有大片田地和相对多数的农民与牧人的国家,他们“分散在乡村各地,不经常会面,或者没有聚会的必要”(亚里士多德:《政治学》,1319a19—38)。此时我们会感到亚里士多德与当代政治学家莫里斯·琼斯(W. H. Morris Jones)存在亲缘关系。莫里斯·琼斯在一篇题目颇值得玩味的文章《捍卫冷漠》中写道:“很多与投票义务这个一般性主题有关的思想,恰恰属于极权主义的阵营,不适合用来表达自由主义民主政治”;政治冷漠是“理解与容忍人类多样性的标志”,并“对政治生活状况产生有益的影响”,因为它“或多或少是对抗狂热者的有效力量,而狂热者是自由主义民主政治的真正危险”。[3]



5 我得赶紧补充一点,我无意于研究这个陈腐的题目,阳光之下没有什么是新的。如果利普赛特教授得知自己被称为柏拉图主义者,他或许会感到震惊,多半会惊骇。我怀疑莫里斯·琼斯教授是否会认为自己是亚里士多德学派的人。首先,柏拉图和亚里士多

---

* 美国政治学家,生卒年代为 1922—2006 年,对民主制进行过比较研究。——译者

** 柏拉图在《理想国》等著作中对极端民主这种穷人的暴政进行了尖锐批判,认为有违公正原则。——译者

德原则上都不赞同民主政治，而这两位现代的评论家却都是民主派。其次，所有的古代政治理论家都从规范性的角度对不同的政府形态进行了考察，也就是说，它们是否能够帮助人们在社会领域去实现一种道德的目标，即正义和善的生活；而与利普赛特和莫里斯·琼斯具有相同取向的现代作者却很少拥有那样的雄心。他们避谈理想目标，避开诸如善的生活之类概念，而强调政治制度的运行手段、效率、平和与开放。

1942 年，约瑟夫·熊彼特（Joseph Schumpeter）的《资本主义、社会主义和民主》一书的出版对这种新观点给以强有力的推动。在这部著作中，关键的一步是："他把民主定义为一种方法，这种方法的制订是为了产生一个强有力的、具有权威的政府。所有的理想都与民主的这一定义没有直接关系。民主本身并不意味着任何有关公民职责和广泛政治参与的概念或任何人类终极的理想……
自由与平等一直是过去民主定义的组成部分，熊彼特却不把它们 6
视为该定义的组成部分，无论它们作为理想可能具有怎样的价值。"[4]



因而，柏拉图式的目标受到否定不只是因为它是错误目标，而且从根本上说只是因为它是一种目标。在柏拉图那里，与在更多的现代哲学体系中一样，理想目标本身是危险之物。卡尔·波普尔爵士（Sir Karl Popper）的《开放社会及其敌人》一书大概是表达这一观点的最著名之作。这个观点也同样出现在以赛亚·伯林爵士（Sir Isaiah Berlin）的作品中（尽管他或许会否认我的这种联想）。以赛亚爵士区分出了"消极的"和"积极的"自由概念，并在摆脱了干预、强制的自由（一种美好之物）和获得自我实现的自由之间做出区隔。按以赛亚爵士的看法，历史证明，自我实现的自由容易陷入一个辩护的误区，即“一些人被他人强制是为了使他们达到‘更高’程度的自由”；一旦人们决定把“作为理性的自我定向的自由……不仅使用于一个人的内在生命，而且应用于他与其他社会成员的关系”，积极自由就变成了“耍弄花招”了。[5]

理解这种观点上的根本歧异还有另外一种途径。无论是柏拉图还是利普赛特，都愿把政治留给专家来处理。但柏拉图把政治留给了经过严格训练的哲学家，他们已经领悟了真理，因而在那之后会遵从真理的绝对指引。利普赛特把政治留给了职业政治家
7 （或者留给了常与官僚机构合作的政治家），他们遵从自己可行的管理艺术专门知识的指导，并定期受到选举的检查。选举是民主政治的组件，它赋予人民在互相竞争的专家群体之间进行选择的权利。在这个意义上，民主还是一种控制措施。尽管柏拉图和利普赛特一致认为，在政治决策中平民的（popular）* **提案权**（initiative）是灾难性的——“民有、民治、民享的政府”乃是幼稚的想法——但他们对两种不同类型专家的区分所反映出的分歧，却表达了有关政治目标的两种根本不同的观念，表达了国家应当遵从的两种不同的目的观。柏拉图完全反对平民政府；利普赛特则赞同平民政府，但条件是，要有比平民政府多点什么的混合“政府”（不同于僭主政府或者寡头政府），尤其没有古典意义上的平民**参与**。于是“冷漠”（apathy）就成了政治的善，一种美德，即当人们受

* 这里把“popular”译为“平民的”，把下面的“popular government”译为“平民政府”，主要是与僭主制和寡头制相对应。这里的平民是指拥有公民权的普通民众。——译者

邀对竞争的专家群体进行选择的时候，在这偶尔一为的时刻，冷漠会以某种神秘的方式克服自身（以及根深蒂固的政治无知）。[6]

我这里谈到的，与其说是专家，不如说是"精英"。自从保守的莫斯卡（Mosca）[*]和帕累托（Pareto）[**]在19世纪与20世纪之交把精英政治和精英民主理论引入意大利，罗伯特·米歇尔斯（Robert Michels）的那本更具影响的著作《政党》（*Political Parties*）在一战前夕出版之后，这种理论就在学术圈里变得耳熟能详了。而在实践的政治家那里却并非如此，这显然是因为顾忌公共关系的缘 8
故。[7] 罗伯特·米歇尔斯是德国社会民主党人（尽管后来成了墨索里尼的热情支持者，1928年墨索里尼个人邀请他担任佩鲁贾大学的教授），他从政治和心理上敌视精英，宁愿使用"寡头"这个词，其著作的副标题就是"对现代民主寡头倾向的社会学研究"。

"精英"（elite）这个词的语义很难把握，始终有着太多的含义，其中许多词义与目前的语境不相干或具有误导性，例如精英一词在传统上具有贵族之意。[8] 一些最具影响的政治学家发现精英这



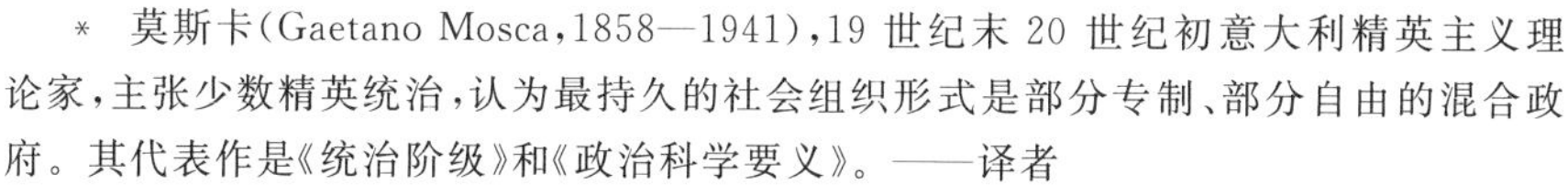

* 莫斯卡（Gaetano Mosca，1858—1941），19世纪末20世纪初意大利精英主义理论家，主张少数精英统治，认为最持久的社会组织形式是部分专制、部分自由的混合政府。其代表作是《统治阶级》和《政治科学要义》。——译者

** 帕累托（Vilfredo Pareto，1848—1923），意大利经济学家、社会学家，对经济学、社会学和伦理学做出了很多重要的贡献，特别是在收入分配的研究和个人选择的分析中。他提出了帕累托最优的概念，并用无异曲线来帮助发展了个体经济学领域。他的理论影响了墨索里尼和意大利法西斯主义的发展。晚年出任墨索里尼的意大利政府驻国联代表和意大利王国参议员，在《等级体制》上发表了两篇文章，表示归附法西斯主义，但要求法西斯主义自由主义化。他著有《政治经济学讲义》《社会主义体制》和《民主制的变革》等。帕累托、莫斯卡和米歇尔斯是19世纪末20世纪初三位精英主义理论家，奠定了所谓的"精英理论"，从西方思想史的角度看，这一理论是西方现代政治思想的重要传统之一。——译者

个称呼具有攻击性(虽然利普赛特本人不在此列),我把利普赛特作为这些政治学家的代表。[9] 尽管有这么多的反对意见——我得承认自己对这些愤慨无动于衷——但“精英民主理论”比其他业已提出来的任何名称都更适合用来说明观点,所以我在下面将使用这个标签。

除了标签之外,显然还有一个重要的历史问题,一个同时既是思想史又是政治史的问题需要考察。在古代,绝大多数知识分子都不赞成平民政府,他们对自己的态度进行了多种多样的解释,并提出了各种可供选择的建议。今天,与古代知识分子相对应的现代知识分子——特别需要指出的是已不仅仅限于西方的知识分
9 子——或许绝大多数都同样认为民主制是最好的、最知名的、也是最能够想象到的政府形态。但也有很多知识分子认为,传统认为合理的那些民主制的原则,在实践中却行不通;而且在他们看来,如果民主制要得以幸存,就不能允许这些原则发挥作用。颇具讽刺意味的是,在英国和美国这两个从经验上看属于最成功的现代民主国家,精英理论却一直受到极大压制。我们怎样理解这种自相矛盾的奇怪状态呢?

显而易见,这种状态存在着一种语义的混乱。近来有位分析家观察到,“民主”和“民主的”“在 20 世纪已经变成了暗示对其所描述的社会或制度表示赞成的词汇。这种情况必定意味着这两个词已经低级化了,因为倘若不作进一步界定,它们已经无法区分不同的政府形态了”。[10] 然而,语义的变化从来不是偶然的,也从来不会与社会没有关联。“民主”一词被机械地用来“暗示对其所描述之社会或制度的赞成”,这在过去往往不是事实。在古代,同样是

这个词，很多作者用它来表示强烈的反对态度。后来这个词从流行词汇中消失了，直到 18 世纪它才作为一个贬义词，蹑手蹑脚地重新归来。“即使在大革命之前的法国启蒙哲人中间，也极少有人在任何实践中从积极的意义上使用‘民主’这个词。”[11] 当华兹华斯 10
(Wordsworth)* 于 1794 年在一封私人信件中写到“我属于那种被称作‘民主人士’的可恶阶级”[12]时，他在表达公然的反叛态度而非在进行讽刺。

在当时，美国革命和法国大革命引发了 19 世纪关于民主制的大辩论。这场辩论最终以一方的彻底胜利而告终结。在 20 世纪 30 年代的美国，确实还有一些人宣称开国者从未打算实行民主制，而是打算实行共和制，这些声音无论是在过去还是现在都影响甚微，无足轻重。当休伊·朗(Huey Long)说倘若法西斯主义来到美国，它也许会被冠以反法西斯主义的头衔时，他的话可真是一语中的。民众对麦卡锡的支持“体现的与其说是有意识地否定美国民主理念，不如说是受到误导而努力捍卫民主理念”[13]。

如同我们已看到的那样，从某种观点的角度来看，这种共识等于把民主概念降低到无须分析的地步。然而，放任这种情况恐怕是错误的。如果说学术圈内的精英理论鼓吹者、倡导游行和持续群众集会的学生这两类激愤的反对者都宣称他们正在捍卫真正的民主或真实的民主，那我们就是在目睹人类史上的一种新颖现象了。其新颖之处及意义值得强调。我们必须考虑的问题不仅是古 11

* 华兹华斯(Wordsworth，1770—1850)，英国诗人，主要作品有《抒情歌谣集》《序曲》《远游》等。——译者

典民主理论为何看上去与观察到的实际相矛盾，而且必须考虑对这种观察的众多不同回应虽然彼此不能相容，却为何都持相同的信仰，即民主制是最好的政治组织形态。

我们对这种情况的历史未能给以应有的注意。我承认，下面的情况并非不言自明，即在历史的大部分时间里，当民主制表现为反面案例时，几乎众口一词说它好的现象就会出现。否定这种一致性，把它看作是“通货贬值”，或者像误用这个术语的思想家那样，否定这种争论还存在着另外一面，都是在逃避必要的解释。思想史从来不只是思想史，它还是制度史，是社会自身的历史。米歇尔斯认为他已经发现了“寡头政治的铁律”——“民主制导向寡头制，并且必然包括一个寡头核心集团……建立小集团和各种派系是所有人类集合体的基本法则，与其他社会学法则一样，都超越了善恶”。[14]这个结论使他陷入深度的悲观主义（直到他皈依墨索里尼）。[15]

较晚近的“精英主义者”一直试图消除民主制的这一污点。他们说，当米歇尔斯强调“领导者与追随者之间的任何分离本身都是
12 对民主制的否定”时，他的这一“定义”有个错误。[16]他们继续说，经验的观察揭示出领导者与追随者之间的这种分离在民主制国家广泛存在，由于所有人都认为民主制是最好的政府形式，所以经验观察到的“分离”乃是民主制的一种品质，并非是对民主的否定。因而“分离”乃是一种优点。“民主体制显而易见的，也是最宝贵的因素就是，在争取大部分被动选民的选票的竞争中政治精英的形成”。[17]这种显然貌似有理的推论，需要“一种虚伪的、意识形态的手段”，以这样一种方式，使假定的、乍看上去颇为棘手的事态予以

重新描述的企图合理化。[18]除了“民主”一词有些暖意之外，精英主义者未提供任何论据来证明西方民主政制的现行程序是合理的，人们认同的只是定义，而且是与米歇尔斯的“寡头”定义相反的定义。

恰恰在这一点上，历史思考派上了用场，尤其是对古希腊人经验的考量。“民主”(Democracy)当然是一个希腊词。这个词的后一半意思是“权力”或者“统治”。* 所以独裁制是一个人的统治；贵族制是贵族群体(*aristoi*)的统治，贵族是最优秀的人，是精英；民主制则是人民(*demos*)即民众的统治。*Demos* 是一个变化无常的词，有好几种含义，包括“作为整体的人民”(或者更确切的含义是公民集体)、“平民”(较低下的阶级)，古代人的理论争讼经常与 13
这种语义的含糊有关。依据通常的说法，正是亚里士多德归纳出了最深刻的社会学公式：“这些论据似乎表明，掌权者的数量，不管寡头政体的少数人还是民主政体的多数人，都不是事物的本质属性，因为事实上普天之下富人总是很少数，穷人总是数量众多。因此……贫穷和富有才是民主政体与寡头政体之间的真正差别。凡是在富人当政的地方，无论他们是许多人还是极少数人，就是寡头政体；凡是在穷人当政的地方，则是民主政体。”(亚里士多德：《政治学》，1279b34—1280a4)



亚里士多德的这一观点不仅仅是描述性的，他分类的基础是一种规范性的划分，即以一般利益为依归的统治，是较好政府类型

* Democracy 源自古希腊词 δημοκρατία(*demokratia*)。古希腊人的“民主”一词由人民(*demos*)与权力(*kratos*)两个词构成。芬利在这里所说的“后一半”即指 *kratos*。——译者

的标志；而以特定的部分人的福利为依归的统治，则是较坏类型的标志。对于亚里士多德而言，民主制的固有危险是穷人的统治也许会蜕变为以穷人利益为依归的统治，我们将在第二章和第三章讨论这一观点。这里我将集中在较为具体的技术性问题上，也就是领导者与追随者在政策制定中的关系问题。

说到底正是希腊人“发现”（discover）了民主，[*]还发现了政
14 治。政治是通过公共讨论做出决定的艺术，其次是作为文明社会赖以存在的必要条件——服从这些决定的艺术。我不想否认在希腊人之前存在民主制的可能性，比如所谓的部落民主制，或者有些亚述学家认为他们能够追溯到早期两河流域的民主制。就后者而言，无论存在怎样的事实，它们对历史、对后来社会的影响为零。是希腊人，而且只是希腊人，发现了对历史与后来社会具有影响的民主制，就如同克里斯托弗·哥伦布而非某个北欧海盗发现了美洲一样。

希腊人是第一批系统思考政治的人，他们观察、描述、评论甚至最终阐明了政治理论，没有谁会对此表示怀疑。充分的理由使得古希腊人的民主制成为我们唯一能够深入研究的民主制，公元前5世纪和前4世纪的雅典民主从思想上来讲也成为最具影响力的民主制。在18世纪和19世纪，人们阅读的正是由雅典经验而生成的希腊作品，以至于阅读历史对现代民主理论的形成与发展起了应有的作用。因此，当我们讨论古代民主的时候，我们要考察

* 作者在这里用词有误，他使用了发现（discover）而不是发明或创造（invent）。民主政体不是自在的等待人们去发现的东西，它完全是古希腊人的制度创造。——译者

的对象正是雅典。▲

雅典的影响如此之大，以致某些当代精英理论的倡导者即使 15
宣称雅典民主制在今天已失去其意义，也要对它表示敬意。他们经常举出两个理由并非十分有力，首先是由现代政府活动更加复杂化。其谬误在于：因国际货币协议或航天卫星而引发的问题不是政治问题，而是技术问题。“解决这些问题如同工程师或医生之间的争论那样，要靠专家或机器。”[19]雅典也聘用了财务专家和工程专家，他们遇到的技术问题无疑要简单得多，但其本身并不意味着这两种情境之间会存在多么大的政治差别。技术专家，特别是军事专家，始终在施加影响，并始终在试图扩大这种影响。但政治决策要靠政治领袖来裁定，今天与过去没什么差别。“管理革命”并没有改变政治生活的基本事实。[20]

其次是由奴隶制而得出的论点：雅典民众是把大批奴隶人口完全排除在外的少数精英。的确，大量奴隶的存在不可能不对实际生活与思想意识产生影响。例如，奴隶制孕育出公开而直截了
当的剥削和对战争的认可，亚里士多德坦率地表达了这两点，他把 16
“为了成为那些值得奴役的人的统治者”（亚里士多德：《政治学》，1333b38—1334a1）一说也纳入了政治家必须懂得战争艺术的理由。另一方面，雅典的社会结构远非这种自由人与奴隶的二分法可以完全加以解释的。我们在接受这种雅典民众的精英主义提供

---

▲ 罗马人也讨论民主制，但他们不得不谈论的内容几乎没有什么意义。在罗马人那里，民主是一个最坏意义上的派生词，是单独从书本里派生出来的，因为罗马本身从来就不是民主制国家，无论从民主这个词的任何可接受的定义上来讲都是这样，尽管平民制度也合并进罗马共和国的寡头政治里面了。

的经验与我们的经验无关的说法之前，必须更仔细地考察雅典少数精英群体即民众或公民集体的构成。

半个世纪以前，出现一种通行的观点：“通过普通初等教育，我们开始把操纵思想的艺术传授给若生活在古代社会便会是奴隶的那些人……教养不足的人极易受人影响，而今天的世界主要由教养不足的人构成。他们能够抓住思想，但他们没有获得验证思想以及同时怀疑思想的习惯。”[21]如果这是对于教养不足的人的正确表述——对此我不讨论——那么这种表述在古代雅典适用的政治群体就不是奴隶，而是大量平民，亦即农民、小店主和工匠，他们与受到完整教育的上层阶级一样，都是公民。这样的人作为全权公民被纳入政治共同体，在当时是令人吃惊的创新，从那之后便很少见了，可以说，在这一点上，使得古代民主制在今天也是有某些意义的。

17 雅典人占据了大约1000平方英里的领土，这几乎等同于德贝郡、罗德岛或者卢森堡公国的面积。在公元前5世纪和前4世纪，一半以上的雅典人并没有居住在两个城市中心——雅典城和海港城市比雷埃夫斯。事实上，公元前5世纪的大部分时间里，雅典都市人口不及总人口的三分之一。其他人口都居住在村子里，例如阿卡奈、马拉松和埃琉西斯。他们没有居住在家庭农场，家庭农场在地中海地区始终是稀有之物。三分之一或者一半人口是多少呢？我们没得到准确的数字，但我们完全可以设想成年男性公民从未超过35,000或者40,000人，而且所有时代雅典成年男性公民的人数都低于这个数字，比如公元前430—前426年就有大批雅典人死于瘟疫。这么少的人口，居住在小规模的居民点里，以典

型的地中海户外生活方式生活。古代雅典人是“面对面的”社会的典型，这或许是我们在大学社区里所熟悉的观点，但现在已不存在这种规模的地方行政单位，更不用说存在现在这种规模的国家了。[22]亚里士多德曾在一著名段落中写道：“一个人数太多的城邦不能算是一个真正的城邦，原因很简单，那就是，过大的城邦不能建立真正的政体。谁能成为不计其数的人群的统帅？除了嗓音洪亮的斯坦托尔*，谁还能承担这群人的传令官？”（亚里士多德：《政治学》，1326b3—7）

这里提到的传令官（城镇传令员）是具有启发意义的。希腊世
界最初是一个口语世界而非文字世界。关于公共事件的信息主要 18
靠传令官、布告栏、闲谈和谣言，以及弥补政府机器的各种委任活动和集会场合的口头报告与讨论等方式散布。这是一个不仅没有大众传媒且根本就没有我们〔现代〕意义上的传媒的世界。政治领袖缺乏能够保存秘密的档案（除了偶然的例外情况），缺乏他们能够控制的传媒，从而他们必定与他们的选民形成了直接而紧密的关系，因此他们的臣民便处于更直接、更紧密的控制之下。我并不是说在雅典没有像现在流行的那种委婉地表达言行不一的可能情况，而是说如果言行不一出现了，那么它将是一种不同类型的言行不一，具有不同的力量。

公共交流方面的差别当然不是（古代与现代民主制不同的）充分解释。有一个分量更重的因素，即雅典民主制是一种双重意义



* 斯坦托尔是荷马在《伊利亚特》中提到的一位传令官，声音洪亮，音量高于常人。——译者

上的直接民主，而非代议制民主。每个公民都可以出席至高无上的公民大会，而且公民大会上没有官僚或者公务员，只有几个职员，他们是国家自身拥有的奴隶，负责保管一些无可避免的记录，即条约和法律的副本、不履行纳税人义务的人员名单和类似记载。这样一来，雅典政府乃是名副其实上的“民治”政府。公民大会对战争与和平、条约、财政、司法、公共工程等具有最终决定权，简言
19 之，公民大会在整个政府活动范围内都拥有最终决定权。公民大会在户外举行，是几千公民的集会，出席公民大会的公民年龄在18 岁之上，他们被选出来参加任何既定日期内举行的公民大会。公民大会在一年里经常举行，最少 40 次。在当日辩论之前，大会通常就所讨论的事务达成一项决议，辩论时，原则上每个代表都有权参加大会讨论。*isegoria*（平等的言论自由），在公民大会上普遍拥有的发言权利，有时被希腊作家当作“民主制”的同义词。大会决议则依靠出席大会者的简单多数票来确定。



政府管理权在大批年度官职和五百人议事会中分配，均通过抽签产生，任期一到两年，十将军委员会和诸如派往另一个城邦的使节这类特别小的官职例外。到公元前 5 世纪中期，官员、五百人议事会成员和陪审员都按日付给小额津贴，比熟练石匠或木匠的正常日薪还少。早在公元前 4 世纪，出席公民大会就以同样的基数支付酬金，尽管在这个事例中存在疑问，即酬金是按日有规律地支付还是一次性全部支付。[23]抽签选举和对官员支付酬金是制度的关键。亚里士多德认为，选举并非民主制的做法，而是贵族制的
20 做法（亚里士多德：《政治学》，1300b4—5）：他们引进了十分慎重的选人因素，选拔出“最优秀的人”即贵族，以代替全体人民治理的

政府。

因此，雅典很大一部分男性公民都有某种直接的政府管理经验，这是我们所不能理解的，也几乎是我们无法想象的。按字面意思理解，事实是，每个雅典男孩一出生就比赌徒有更多的机会成为公民大会的代表，占据一天的轮流职位，并像通常那样靠抽签填补职位空缺。他可能是一个为期一年的市场专员，为期一年或两年（尽管不是连续的）的五百人议事会成员，反复充当陪审员，而且只要他喜欢的话，就可以经常充当公民大会的投票人员。除了这类直接经验而外，还应当加上对百人区或者“德莫”（*demes*）* 的管理，雅典被细分成若干这样的单位。在这样一个微小的面对面的社会里，即使对管理不感兴趣的人也不可能避开对公共事务的一般性常识。

所以，在我们目前关于民主的讨论中如此重要的普通公民的教育水平和知识问题，在雅典却有不同的尺度。在正常情况下，大多数雅典人最多是“接受了部分教育的人”，而柏拉图也不是唯一一个攻击这一点的古代批评家。公元前 415 年冬季，当公民大会一致投票同意向西西里派遣远征军时，历史学家修昔底德公开讥 21
讽道，他们“大部分人不了解这个岛的大小和岛上居民的人数”（修昔底德：《伯罗奔尼撒战争史》，6.1.1）。即使那是事实，修昔底德也犯了一个明显的错误，混淆了技术知识和政治理解。在雅典，有足够多的专家向公民大会说明西西里的大小和人口数量以及远征需要的舰队规模。在《伯罗奔尼撒战争史》后面的章节（6.31）中，

* 雅典基层行政单位，类似现代基层社会，计 100 多个。——译者

修昔底德本人也承认，远征最终进行了全面的准备，获得了充分的装备。我补上一句，那也是专家们的工作，公民大会扮演的角色局限于接受他们的建议，投票给予必要的财政支持和确定军队动员。

原则上决定入侵西西里之后若干天，在下一次公民大会上，实施的决定得以通过。修昔底德再次对最终的投票予以个人评论："每个人都充满了远征的热情。年老一点的人认为他们将征服那些他们将航往的地方，或者，有了这样庞大的军队，他们无论如何不会遭到灾祸；年轻一点的人希望看看远地的风光和取得一些经验，他们确信他们会安全地回来；一般民众和普通士兵希望自己暂
22 时得到薪金和扩大帝国，使他们将来可以取得永久的收入。大多数人的这种过度热忱的结果是，少数实际上反对远征的人害怕别人说他们不爱国，如果他们投反对票的话，因此就保持沉默了。"（修昔底德：《伯罗奔尼撒战争史》，6.24.3—4）

在户外民众会议中鼓动非理性的群众行为也许是轻而易举的事，大众易被蛊惑人心的演说家和盲目的爱国主义等迷惑。但忽略下面的事实也恐怕是错误的做法，即在公民大会上对入侵西西里进行投票之前，曾有一个紧张的讨论时期，人们在商店和酒馆、在城镇广场、在餐桌旁讨论，最终他们一同到普奈克斯*，参加正式辩论和投票。那天坐在公民大会会场的人，不可能对大量的投票伙伴和公民大会的同胞、大概还包括某些参与辩论的讲演人一无所知，他个人通常会非常熟悉他们。当公民个人有时与**数百万**

---

* 普奈克斯（Pnyx）是雅典公民大会会场，位于卫城附近的普奈克斯小山丘上。——译者

其他人（而非仅仅几千个邻居）一道从事非个人的行为，在选票上做标记或者操作投票机的控制杆时，今天的情况与雅典的情况就没有什么区别了。而且，正如修昔底德明确说的那样，那天有很多人投票，意在使自己免于参加陆军或海军出征打仗。带着这种目的聆听政治辩论或许占据了参会者的思想，这也许赋予辩论以现实性和自发性。现代议会曾拥有这种现实性和自发性，但目前显 23
而易见缺失了。

因此有可能出现这样一种情况，即当代政治学家对雅典民主制缺乏兴趣是合理的。就宪政方面而言，无疑雅典没有什么可学之处，古希腊体制的必要条件和法则也与今天完全无关。然而宪政史是一种表面现象。20 世纪美国丰富的政治史中有很多内容，都处于我当学生时必须学习的“公民学”课程范围之外。古代雅典的政治史也是如此。

在我已简略描述的政府体制之下，雅典在几乎两百多年的时间里，一直是希腊世界最繁荣、最强大、最稳定、内部最和平、文化上最富有的城邦。制度在起作用，这是对任何政治形态进行判断的实用标准。公元前 5 世纪后半期，一本论述寡头政治的小册子作者写道：“我不喜欢雅典政体。然而，对我而言，自从他们决定实行民主制，他们就一直很好地保持了民主制。”（伪色诺芬：《雅典政制》，3.1）即使公民大会投票决定侵略他们既不知道大小也不知道其人口的岛屿，也还是制度在起作用。

伯里克利在阵亡将士国葬典礼上的演讲中说道：“任何人，只 24
要他能够对国家有所贡献，绝对不会因为贫穷而在政治上湮没无闻。”（修昔底德：《伯罗奔尼撒战争史》，2.37.1）在国家事务中，广泛的政治参与，包括“性格偏执和孤僻的人、生活无保障的人、文盲”在内的政治参与，不会导致“极端主义运动”。其证据是，在公民大会上，很少有人能够真正行使讲话权利，公民大会不会容忍蠢人；公民大会以自己的方式认可政治专家建议和技术专家建议的存在，并指望几个人在任何假定时期内制定出可供选择的政治路线。[24]然而，熊彼特有关精英地位的阐释与实践存在着根本区别：“民主方式是那种旨在达成政治决策的制度安排，个人通过在竞争中争取人民投票的方式获得决策权。”[25]熊彼特所指决策权在字面上的意思就是：“政党领袖做决策，而非‘人民’做决策。”[26]

雅典的情况并非如此。甚至伯里克利也没有这样的权力。当伯里克利的影响处于巅峰时，他能够指望自己的政策始终得到支持，在公民大会上由人民的投票表达出来。但他的建议一周又一周地提交给公民大会，可供替代的观点摆在人民面前，公民大会始终有可能或者偶尔抛弃他以及他的政策。**决策**是属于他们的权
25 力，而非属于他或任何领导人的。对需要领导的认识并没有伴随着放弃决策权。伯里克利了解这一点。不只是因为策略上的礼貌致使伯里克利在公元前431年说了下面一番话（如我们所知）。当时他建议拒绝斯巴达的最后通牒，并因此进行参战投票：“我发现此刻我必须向你们明确提出与我过去提出的完全相同的建议，我呼吁你们当中那些被我说服的人支持我们现在正在一起做出的决议。”（修昔底德：《伯罗奔尼撒战争史》，1.140.1）

就更为传统的政治而言，人民不仅具有出任公职的资格和选举官员的权利，还具有对所有公共政策问题决策的权利，以及坐在法庭上对所有重要案件——民事的和刑事的、公共的和私人

的——进行判决的权利。权威人士在公民大会中的重要地位、管理职位的分散性和轮番而治、抽签选举、拿薪官僚的缺乏、公民陪审法庭，都阻止了政党机器的创建，并因此也阻止了制度化的政治精英的形成。领导是直接的和个人的，“真正的”领导者在幕后操纵平庸傀儡的现象根本没有存在的空间。[27]像伯里克利这样的人物确实构成了政治精英阶层，但这一精英阶层并不能使自己永远存续下去。该精英阶层中的成员身份要靠履行公共事务——主要在公民大会当中——才可以获得，得到成员身份的通道是敞开的，
而且持续的成员身份需要持续地履行公共事务。 26

雅典人根据政治现实所发明的某些制度设置极富想象力，以致它们不再显得那么古怪。陶片放逐法是众所周知的制度设置。依据这一制度，如果一个人的影响被判定极其危险，那么他将被放逐十年，当然，他不会丧失其财产或者公民身份，这一点意义重大。陶片放逐法的根源在于僭主制和人们对其反复发生的恐惧，但这一实践得以幸存，主要还是因为人们对政治领袖几乎难以容忍的不可靠感。这种制度逻辑迫使政治领袖们保护自己，避开那些提出可替代政策的主要倡导者。在缺乏各政党间的周期性选举的情况下，除了这种方式，还有什么其他的方式吗？具有启发意义的是，公元前 5 世纪晚期，当陶片放逐法蜕变成一种无任何功效的设置时，这一实践便被悄然废弃了。

另一个更为怪异的制度设置是所谓的“违法法案指控”（*graphe paranomon*）。根据这一做法，一个人在公民大会上提出了“非法建议”，就可能受到控告和审判。[28]我们不可能把这种程序归入任何传统宪制范畴。公民大会的主权是无限的。伯罗奔尼撒

27 战争后期一个很短暂的时间，公民大会甚至被诱使去投票废除民主制。然而，任何实行其基本的“平等的言论自由”(*isegoria*)权利的人，都会因为他有权提出的建议而遭受严厉惩罚的风险，**即使那个建议已经被公民大会通过了**。

我们不能确定雅典人采用“违法法案指控”的时间，准确的说法只是公元前5世纪的某个时间；所以我们不知道引出这一做法的历史事件。然而，它的功能清晰可辨。它具有双重功能，用规则来节制平等的言论自由权利，以及赋予人民(*demos*)一个机会，重新考虑他们自己已经做出的决定。在违法法案指控的会议上，一次成功的指控具有废止一次顺利的公民大会投票的效果，其裁定不是依赖类似美国最高法院那样的精英群体，而是依靠由人民通过抽签产生的庞大公民陪审法庭这样的代理机构。我们的制度依靠议会特权保护代表的自由，但这也自相矛盾地保护了代表们的不负责任。雅典的自相矛盾在于相反的方向，它保护整个公民大会的自由，也通过否认公民大会个体成员的豁免权而保护个体的自由。



我已经详细讨论了雅典民主制的一些机制，不是出于古物学家的好奇心，而是为了说明，尽管雅典民主制与当代民主制之间存在很大差别，但古代的经验不可能像现代政治学家所认为的那样，与当代毫不相干，尤其在有关领导者与追随者的有争议问题上。
28 当然，古代机制和制度设置不能为此提供充分的解释，它们可能不起作用，也可能履行赋予它们的职能。希腊人自身并没有发展出民主的理论。他们拥有概念、基本原理和一般原则，但这一切并没有形成系统的理论。哲学家们抨击民主制；民主人士则不在意他们，仍以民主的方式处理政府事务和政治事务予以回应，而且没有撰写有关这个题目的论文。

但也有一个例外，可能是唯一的例外，就是公元前5世纪晚期智者学派的学者普罗塔哥拉斯。我们是从柏拉图较早期的对话体著述《普罗塔哥拉斯篇》对普罗塔哥拉斯的攻击中获悉了后者的思想。在《普罗塔哥拉斯篇》中，苏格拉底嘲笑、恶搞，甚至一定程度上欺骗普罗塔哥拉斯，这在柏拉图的对话集中颇为罕见。[29]人们诧异，柏拉图选择这样一种论调，难道仅仅是因为普罗塔哥拉斯不仅掌握了独特的智者学派的道德学说，而且还发展出了民主政治理论吗？我们从柏拉图的说法所能做出的判断是，普罗塔哥拉斯所发展的理论核心是所有的人都拥有政治技能（*politike techne*），即政治判断的艺术，没有这种艺术就不可能有文明社会。所有人，至少是所有自由人，在这方面是平等的，尽管在政治技能——这令人忆起美国《独立宣言》的概念——的熟练程度上不一定平等。随之而来的结论就是，雅典人把平等的言论自由推广及每一个公民的做法是正确的。

政治技能并不是界定人类的唯一条件。人类与动物界不同， 29
动物界依赖竞争和侵略为生，人类依靠天然的合作而生存，具有*philia*（传统译为“友谊”，但不很贴切）和*dike*即正义等品质。然而，对于普罗塔哥拉斯而言，没有额外的政治含义，友谊和正义对于真正的政治共同体——国家是不充分的。重要的是，本身并非民主派的亚里士多德认为友谊和正义作为*koinonia*即共同体的两个因素同等重要。*koinonia*是一个很难用单个英文词进行翻译的单词。它有一堆含义，例如包括商业伙伴关系。但是，我们这里

必须把它看作是能够发生强烈变化的“共同体”，就像在早期基督教共同体中情况一样。在这种共同体中，彼此的结合不仅指亲近的关系和共同的生活方式，而且还有共同命运与信仰的意识。对于亚里士多德来说，人类本质上不仅是注定要生活在城邦里的人，而且也是家族和共同体的成员。

我认为，正是这种共同体意识要依靠国家宗教、共同体的神话和传统来加以强化，它才成为雅典民主制实际取得成功的一个基本要素（这也可用来解释我为何用相当长的篇幅离开主题）。无论是具有无限参与权的至高无上的公民大会、公民陪审法庭，还是抽
30 签选举官员和陶片放逐法，都不可能既防止混乱，又能防止僭主制。在众多的公民集体中间恐怕并不具备保持自身行为不致出格的自制能力。

自制与冷漠大相径庭。冷漠的字面含义是“缺乏感情”“无感觉”，这是一个真正的共同体所不允许的品质。有个传统说法（亚里士多德：《雅典政制》，8.5），即梭伦在公元前 6 世纪初期的立法中通过了下述法律，专门反对冷漠：“当城市发生内战时，任何一个没有拿起武器投身一方或另一方的人，都将被剥夺公民权和所有分享政府事务的权利。”这一法律的真实性值得怀疑，但它表达的观点不容置疑。伯里克利在同一篇阵亡将士的葬礼演词中也表达了这个观点。他提到贫穷并不是障碍，他说：“一个人可以既关心他自己的事务，又同时关心国家事务……我们认为，一个不参与公民生活的人，不是只考虑个人事务的人，而是无用的人。”（修昔底德：《伯罗奔尼撒战争史》，2.40.2）

我们注意到普罗塔哥拉斯和柏拉图尽管处于对立的两极，但

每个人都以自己的方式强调了教育的重要性。我不是在当下一般正规学校教育的意义上使用教育这个词，而是在老式的意义上，亦即古希腊人的意义上使用它。古希腊人用 *paideia* 一词意指教养、“形成”（德语为 *Bildung*）、美德的开发、公民责任意识的发展、对共同体及其传统和价值的成熟认同感的培养。在一个小型的、 31
同质的、相对封闭的面对面社会中，把共同体的基本机构——家庭、聚餐会、竞技场、公民大会——称作教育机构，是极为恰当的。一位年轻人通过出席公民大会获得教育，他学到的不一定是西西里岛的面积（这是纯粹技术性问题，普罗塔哥拉斯和苏格拉底都这样认为），而是雅典面对的政治问题、各种选择和争论。他学会了如何评价那些使自己成为政策制定者和领导者的人。

但是，对于较大的、更为复杂的社会，会是怎样的情况呢？约翰·斯图亚特·穆勒在一个世纪以前，仍然认为雅典能够提供某些经验。在《论代议制政府》一书中，他写下了下面这段话：



> 我们并没有充分考虑在人们的日常生活中，他们能够为大规模社会提供的观念或者情感是多么少……在大多数情况下，个人几乎不能进入比自己高级的文明人的世界。让他为公众做些事情，可以部分弥补这些不足。如果环境允许赋予他的公共义务的数量是可观的，那么环境会使他成为一个有教养的人。不管社会制度的缺陷和古代道德观念是怎样的，公民陪审法庭和公民大会的实践培育出一个普通雅典公民的智识水准，远超出古代或者现代的任何其他大规模人群中的相关事例……在这

> 样一种参与的情况下，他受到召唤去权衡并非他自身的
> 32 利益问题；倘若出现了相互矛盾的主张，他受另一种原则而非个人偏好的引导；他每次都运用原则和一般准则，这些原则和准则存在的理由便是为了公共利益。他通常会发现在同一件工作中与他合作的人，较他自己要更熟悉这些观念和运作。他们的研究为他的理解提供了理由，激发了他的一般利益感。[30]

在1861年出版的一篇论文中，穆勒对现在时态的使用不仅仅是文体上的特殊习惯。他继续评论道："几乎所有的旅行者都被这样的事实所打动，即每个美国人在某种意义上都既是一位爱国者，又是富有教养的聪明人。而且托克维尔已经证明，这些品质与他们的民主制度之间的关系是多么密切"，"观念、品位和富有教养者的情操融为一体"是多么"宽广"。[31]穆勒并不是独树一帜的理论家，他处在古典民主理论的主流当中。古典民主理论"表现出一种极为雄心勃勃的目的，即实现对所有人的教育，以达到他们的智能、情感和道德品质都能同他们的全部潜能相吻合，他们自由地、积极主动地加入到一个真正的共同体之中。除了这个宏伟的总目标之外，古典民主理论还包括追逐这个目标的一个重大战略，就是为了公共教育的目的而利用政治活动和政府治理。施政管理是致力于民众教育中的持续不断的成分。"[32]

33 因此，雅典提供了一个颇有价值的研究案例，即政治领袖和民众参与是如何成功地长期共存，既没有民意调查专家所披露的那种冷漠和无知，也没有困扰精英主义理论家的极端主义梦魇。雅

典人犯过错误。又有哪一个政府体系没有犯过错误呢？司空见惯的、对雅典未能实践某种完美理想的谴责游戏乃是愚笨的处理方法。雅典人没有犯致命的错误，这就足够好了。公元前415—前413年西西里远征的失败是指挥技艺的失败，而不是无知或者在国内缺乏周详计划的结果。任何独裁者或者“老练的”政治家都可能犯同样的错误。精英理论家竟会错误地把这种情况作为他们的理论依据。如果现在穆勒和古典民主理论被证明是错误的，那也并不是因为他们误读了历史。▲

自从一个多世纪前托克维尔和穆勒开始写作以来，制度发生了深刻的变化。首先是经济的根本转型，超国家的大企业集团占据了主导地位，这是我们的前辈难以想象的。无论是谁掌握了新 34
的技术，其经济的运作便拥有了前所未有的力量，而且新技术的数量及其精密复杂性都是空前的。我把大众传媒也归入新技术的范畴之内，既因为它们所创造和增加的价值力量，也因为它们所引起的思想被动和顺从。在我看来，大众传媒否定了古典民主理论的“教育”目标。

其次是政治领域自身出现了一些意义重大的新因素，最重要的是政治向狭义的职业的转化，而且是大规模转化。[33] 当然也有其他的社会，政治家或者廷臣在那里把自己或多或少地全部奉献给了政府——晚期罗马共和国和罗马帝国或现代独裁政府——但这些人并不是严格意义上的政治家，肯定也不是民主意义上的政治

▲ 穆勒对未来的错误解读这一点是另外一回事。在他对托克维尔的评论中，穆勒满意地写道：“他把人民对自身事务日益增多的干预，人民各阶级不断增加的干预，看作是现代政府管理艺术的基本原理。”(《论文集》,II,8)

家。他们的数量无论如何始终是很少的，他们的利益是个人的或者作为贵族的代表，而不是职业群体的代表。[其导致的]一个当代结果是政治职业与赚钱之间有了密切联系，不管腐败与否。但我认为，与社会中一个新兴的强有力的利益群体——政治家的出现相比，腐败不过是一种次要的结果。

亨利·基辛格写道："大多数领袖的声誉，甚至其政治生存，要
35 依赖他们实现自己目标的能力，无论怎样实现这些目标。至于这些目标是否可取就相对不那么重要了。"领袖们"表现出了一种几乎强迫性的期望，即避免哪怕是暂时的挫折"。长期的利益注定被忽略，"因为未来没有行政管理的选民"。[34] 再者，这种新的利益集团是从很小一部分人口中产生的。在美国，这个集团无一例外出自律师和商人，[35] 以至于我们发现很难理解这样的事实，即晚至 19 世纪末期，不仅一定比例的白领，甚至一部分蓝领工人也积极进入政党的领导层和担任公职，至少是在市政层面上。[36] 在英国，同样的情势也在流行：一方面，新的利益集团包括某些较大的财富继承者和商业性农业的成员；另一方面，也包括教师、新闻记者和工会官员（他们当中有些在年轻时是体力工人）的某些成员。[37]

最后，官僚体制有了惊人的发展（私人机构同政府的情况一样）。官僚们是专家，没有他们，现代社会就不可能运转。但是，现在官僚机构的规模和等级结构的衍生物已经达到了这样的程度，即"内部'政治'体系的稳定要优先于实现该组织的职能目标"。[38] 用基辛格先生的话来说："作为决策者的助手起步的组织，经常在
36 实践中转化成自治的组织，其内部问题构成，有时混合成它原本打算解决的那些问题……因而精细复杂有可能引起麻痹或者鼓励粗枝大叶的普遍化，这挫败了它自身的目的。"[39]

在这些条件下，与雅典这样的小型单一、面对面的社会进行任何直接的比较，都是荒谬的；建议甚至梦想我们可以在现代城市或者国家中重构公民大会作为最高决策机构也是可笑的。▲那不是我一直在思考的选择，而是一种完全不同的选择，源自政治冷漠和对政治冷漠的评价。公众的冷漠和政治无知是今天的基本事实，没有任何疑问。决策是由政治领袖做出的，而不是由公民投票决定的，公民投票最多也就是在事后偶尔行使一下否决权罢了。关键问题是，在近现代条件下，这种情况是否是必要和可取的，或者具有雅典精神但不具其实质的新型公民参与是否需要被发明出来（我这里使用“发明”这个动词的意义，与我在前面所说的雅典人发明了民主制中的那个动词是同一个意思），如果我可以简略表达的话。[40]

“把‘职业’政治家视为英雄”的精英理论[41]提倡“意识形态的 37
终结”，把可操作的定义转化为价值判断，用严格的否定来回答上段提出的问题。“民主不只是一种手段，甚或主要是一种手段，通过这种手段，不同的群体能够达到他们的目的或者寻求美好的社会：**正是美好的社会本身在运作着**（着重号为芬利所加）。”[42]最近有个批评很贴切地谈到，这样一个判断就是“对以往成果的汇编……证明现状的主要特征是合理的，并为整理零散的目标提供了一种模式。民主变成了一种应被保存的制度，而不是寻求的目标。那些希望引导未来的人们必须在别处张望了”[43]。在我看来，这是正确的**历史**判断。至于它是否也是正确的**政治**判断，每个人都会有自己的认识。

---

▲ 穆勒（《论文集》，II，19）在写到“报纸和铁路正在解决这样的问题，即使英国的民主制像雅典那样在集会地点（*agora*）进行同时投票”时，进行了错误类比。

# 第二章　雅典蛊惑民心的政客▲

38 公元前413年，当雅典在西西里战败的消息传回雅典时，雅典人不敢相信这一消息。随后，整个灾难变成了现实。修昔底德写道：人们“对那些鼓动远征的演说家恼怒不已，好像他们（人们）没有〔在公民大会上〕参与表决似的”（修昔底德：《伯罗奔尼撒战争史》，8.1.1）。乔治·格罗特却对这一点做了如下反驳：“从后面这句话来看，修昔底德似乎认为雅典人既然用投票的方式采纳了远征建议，那么就没有权利对那些建议远征的演说家进行抱怨。我完全不同意他的观点。任何重要措施的建议者总是要在道德上为其建议的正当性、有效性和实用性负责，而且或多或少地根据这一
39 事实，如果结果与他预料的完全相反，那么他必定会招致耻辱。”[1]

这两段相反观点的引文提出了雅典民主制内部的所有基本问题：制定政策与领导才能的问题，决策和为决策负责的问题。不幸的是，关于那些在公民大会上成功地力劝人们从事一次伟大的西西里远征的演说家们，修昔底德告诉我们的微乎其微（修昔底德：《伯罗奔尼撒战争史》，6.1—25）。事实上，关于这次公民大会，他



▲　本章内容最初发表于《过去与现在》（*Past and Present*），第21期（1962年），第3—24页。这次再版时，我对本文稍做了修改，版权归“过去与现在协会”所有；“过去与现在协会”友好地允许我再版本文。

没向我们讲述任何具体信息，只是说人们从西西里岛塞吉斯塔城的代表团和从西西里回来的他们自己的使团那里得到了错误信息，还说大多数投票表决的人对相关事实如此无知，以至于他们甚至不知道西西里岛的面积和人口数量。

五天以后，召开了第二次公民大会，讨论是否批准必要的军备。将军尼西亚斯试图借机力挽狂澜。他遭到很多雅典和西西里演讲者的反对，历史学家没有提到这些演讲者的名字，也没有对他们进行任何形式的描述。亚西比德也反对尼西亚斯，修昔底德给出了亚西比德的一段演讲词。这段演讲词表达了修昔底德自己的观点和他对亚西比德的判断，但几乎未涉及关键问题，即没有涉及当时直接争论的问题，也没有涉及民主程序和领导才能等辅助问题。结果是尼西亚斯的彻底失败。修昔底德承认，每个人——老

年人和年轻人、重装步兵（他们出自那些较为富有的公民）和普通 40
人民——都比以前更渴望实施远征计划。修昔底德得出结论：持反对意见的那几个人也就对表决不再发表言论了，唯恐显得他们不爱国。

西西里远征的行为是否明智？这是一个很难判定的问题。修昔底德对这个问题在一生的不同时期有不同的看法。然而，他似乎从未改变过他对演说家的看法：他们用错误的理由促成了远征，他们利用公民大会的无知和情绪化达到自己的目的。他说，亚西比德最激烈地压制所有人，因为他希望对抗尼西亚斯，因为他野心勃勃，希冀在远征中充任将军而获得荣誉和财富，因为他铺张浪费和放荡不羁的生活超出了他的现有财产的负担能力。修昔底德还在其他地方从更广泛的意义上讲到了这一点：在伯里克利时期，

“政府虽然名义上是民主制的，但事实上权力掌握在第一公民手中。而他的继承者却彼此之间颇为平等，每个人都想要成为第一人，他们甚至百般讨好反复无常的人民。在统治着一个帝国的伟大国家中，这样的政策势必会导致许多错误。”（修昔底德：《伯罗奔尼撒战争史》，2.65.9—11）

41 简而言之，伯里克利死后，雅典落入了蛊惑民心的政客手中，并随之被毁掉。在我已经讨论的任何段落中，修昔底德都没有使用过“蛊惑家”（demagogue）这个词。对于修昔底德来说，这是一个不寻常的词，[2] 因为这个词通常被用在希腊文学作品中。这个事实颇令人惊奇，因为在雅典的画面中（虽然很少用这个词），没有比蛊惑家及其谄媚者之类更令人熟悉的主题了。蛊惑人心是件糟糕的事，“领导人民”等于在误导人民，首先是由于不能成功地予以领导而误导。蛊惑民心的政客受私利的驱使，受到对权力的渴望和借助权力获得财富的想法的驱动。欲获得私利，他就要放弃所有的原则和一切真正的领导才能，以各种方式拉拢民众，用修昔底德的话说就是“甚至百般讨好反复无常的人民”。这种画面不仅可以直接也可间接描绘出来。例如，这里有修昔底德对正常的领导者的形象描述：“因为伯里克利的声望、他的聪明才智和众所周知的廉洁自律，他可以像一个自由人应该做的那样领导人民。是他在领导他们，而不是他们领导他。他从未因追求权力而不得不逢迎他们。恰恰相反，他的声望高到了他可以反对他们，激起他们的怒火。”（修昔底德：《伯罗奔尼撒战争史》，2.65.8）

并不是所有的人都持这种观点。亚里士多德认为雅典的堕落
42 时间更早：在厄菲阿尔特剥夺了雅典战神山会议的权力以后，对蛊

惑人心的热烈追求就开始了。亚里士多德继续写道:伯里克利首先通过起诉客蒙渎职而获得政治影响,他积极推行发展海军的政策,“这赋予低下的等级在政治上更大胆地攫取越来越大的领导权力”。他为法庭陪审员的服务发放津贴,等于用民众自己的钱财贿赂民众。这一切都是蛊惑民心的实践,它们使伯里克利掌握了权力。当然亚里士多德也承认,伯里克利后来很好地、恰当地运用了权力。[3]

但我的兴趣并不在于评估伯里克利个人,也不在于考察蛊惑民心宣传的遣词用句。古希腊的政治用语通常模糊不清、欠缺准确,除却个人官职或部门的正式名称(即使这些正式名称也往往难以确切表达)。所有古希腊作家都把需要政治领导看作是不言而喻的事情,他们的问题在于区分好领导和坏领导的类型。就雅典及其民主体制而言,“蛊惑家”一词成为识别坏领导类型的最简洁的方式,无论这个词是否出现在任何特定文本中,这都丝毫不成问题。我觉得正是阿里斯托芬在对克里昂*的描述中确立了这种模式,但他始终没有直接把“蛊惑家”一词用在克里昂或者其他任何人身上。[4] 与此类似,修昔底德也确认克里奥丰、希波博鲁斯和其他一些(如果不是全部的话)应该为西西里灾难负责的演说家都是蛊惑民心的政客,但他从未把这个词用于其中的任何一人。 43

强调“类型”这个词很重要,因为古希腊作家提出的问题是关于领导者基本**素质**的问题,而非有关领导人的技术或技能问题(极为个别的情况例外),更不是其纲领和政策问题(除了以一种颇为

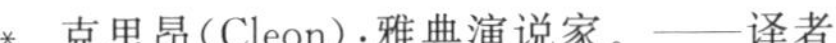

* 克里昂(Cleon):雅典演说家。——译者

概括的方式)。重要的区别在于:一类人的头脑中除了国家利益不会对领导权寄予任何其他想法;另一类人自私自利,把自身利益放在首位,这驱使他逢迎民众。前一类人也许会在特定的形势下做错事,采取错误的政策;后一类人则有可能常常给出良好的建议,就像公元前411年亚西比德劝告驻守萨摩斯岛的舰队迅疾返回雅典,推翻已在那里掌权的寡头(修昔底德明确称许这次行动[修昔底德:《伯罗奔尼撒战争史》,8.86])而避免危及海军的地位那样。但这并不是两类领导者的根本区别。蛊惑家个人身上的其他特征,比如克里昂在公民大会演讲时大喊大叫,在金钱方面缺乏良好信誉之类,也不是两类领导者的根本区别。这些事情只是使画面更加清晰而已。从阿里斯托芬到亚里士多德,对蛊惑人心的政客的抨击总是落在一个中心问题上:领袖是在代表谁的利益?

44 对这个问题的解释背后存在三个命题。第一个是人在道德价值和能力以及社会经济地位上并非平等。第二个是任何共同体都倾向于派别分野,而最基本的派别就是富人和出身好的人为一派,穷人为另一派,每派都有自身的素质、潜能和利益。第三个是秩序良好、运行良好的国家总是超越派别分野并作为实现美好生活的一种工具。

派别是最大的恶魔和最常见的危险。“派别”(faction)是传统英文对古希腊 *stasis* 的翻译,这是在任何语言中都能发现的最引人注目的单词之一。它的原生义是“放置”“安置”或者“高度”“身份”。只要列出词典里可以找到的定义,便能看出这个词的政治含义的范围:“政党”“以煽动叛乱为目的而形成的政党”“派别”“骚乱”“意见不一致”“分歧”“持异议”。最后还有一个已被充分证明的含义，但词典莫名其妙地忽略了它，这就是“内战”或“革命”。与“蛊惑家”一词不同，*stasis* 这个词在古希腊文学中颇为常见，而且其含义通常是贬义的。令人诧异的是，这个词在现代希腊史研究中却被相对忽略了。[5] 我认为这个词的含义还没有被足够经常或
足够准确地阐发出来。一个原生义是“身份”或“职位”的词，根据 45
抽象的逻辑，当它被用于政治语境的时候，有可能具有同样的中性含义，在实践中不表示任何类别，却很快被涂上了最贬义的色彩。这一事实必定具有深刻的含义。一种政治身份，一个党派的地位——这是 *stasis* 无可避免的寓意——是一种不好的东西，它会导致骚乱、内战和社会结构的瓦解。在古希腊语中反复表达了这种倾向。为什么“蛊惑家”即“人民领袖”必定会变成“人民的误导者”（毕竟这不是永恒的规律），或者为什么一个古老的希腊词 *hetairia*（除了别的意思，还有“俱乐部”或“社会”的含义）在公元前 5 世纪的雅典，同时又被赋予“阴谋”和“煽动性组织”的含义。无论解释是什么，问题并不在于语言学，而在于希腊社会本身。



读过希腊政治作家作品的人，都会注意到他们在这方面认识的一致性。无论他们之间存在怎样的分歧，他们都坚持认为国家必须置身于阶级或其他派别利益之外。国家追求的是道德的、永恒的、普世的目标，这些目标得以实现——更确切地说是接近或靠近这些目标——只能通过教育、道德方面的引导（尤其是对部分权威人士）、道德正确的立法和选择合适的统治者。当然，作为经验的事实，各个阶级和不同利益的存在是无可否认的事实。需要否
定的说法是政治目标的选择可以同这些阶级和利益合理地联系起 46
来，或者说国家的利益只能通过忽略（如果不是压制的话）私人利

益才能得到发展。

柏拉图正是循着这条路线推演出了最激进的解决办法。在《高尔吉亚篇》(502E—519D)中,他认为,即使是那些雅典过去的伟大政治人物——米尔提泰亚德斯、地米斯托克利、客蒙和伯里克利——都不是真正的政治家。他们只是比他们的继承者更成功地满足了雅典平民(*demos*)对船只、城墙和船坞的渴望。他们没有使公民成为更优秀的人,因此称他们为“政治家”就等于把糕点工误称作医生。之后,在《理想国》中,柏拉图建议把所有权力集中在一个人数不多的、挑选出来的、受过良好教育的阶级手中,采取最根本性的措施,使他们摆脱任何特殊的利益,即他们不得拥有财产和家庭。只有在这样的情况下,他们才会作为完美无缺的道德代言人行事,领导国家朝向正确的目标,使任何私利都不可能涉入其中。

毋庸置疑,柏拉图绝非最典型的人。人们不可能把柏拉图等同于所有希腊人,甚至也不可能把他同任何其他单个的希腊人画
47 等号。柏拉图充满激情地认为,具备资格的专家——哲学家——对国家的唯一目标——美好的生活亦即正直的生活,能够做出(并且因而应当被授权强制执行)完全正确的和权威的决策。有谁会分享他的这种观点吗?[6] 但就我所直接关心的问题——私人利益和国家——而言,柏拉图与许多希腊作家都持相同的观点(这几乎同他们对柏拉图的解决方法持不同意见一样)。埃斯库罗斯在其作品《复仇三女神》(*Eumenides*)的最后一场中,借合唱队明确表达了他的原则:国家的福祉只能取决于摆脱了派争之后的和谐与自由。修昔底德不止一次表达了这种观点。[7] 这种观点也是混合

政体的理论基础，我们在亚里士多德的《政治学》中已发现了这一点。

希腊经验主义哲学大家亚里士多德收集了大量有关希腊国家实际运行的资料，包括关于派别(*stasis*)的事实。《政治学》一书对派别进行了详细分类，甚至给出了如何在各种情况下避免派别的建议。但是，亚里士多德的学说和目标是伦理学的，他的著作属于道德哲学的一个分支。他以目的论来看待政治行为，其依据是人性所规定的道德目标，而且他相信如果统治者出于个人或阶级利益做出决策，那么这些目标就会受到破坏。这正是他赖以区分政体的验证标准。据此他区分出三种“正常”政体(“依据的是绝对正 48
义”)和三种相应的变态政体：当个人出于自身利益而非整个国家的利益施政时，君主制就变成了僭主制；与此类似，贵族制变成了寡头制，共和制[8]变成了民主制(或者用波利比乌斯的话说，民主制变成了暴民政治)。再者，在民主制当中，农民占多数的政体是最优秀的，因为农民过于专注于农活，不愿为各种会议费心；而城市的工匠和店主发现出席会议是轻而易举的事情，而这些人“通常是一群坏蛋”。[9]

我在第一章引用了“老寡头”(Old Oligarch)的一段文字，就政治分析与道德判断之间的重大区别而言，不可能有比这段文字更好的表述了：“对于雅典政体，我并不喜欢。然而，自从他们决定实行民主制，我认为他们就一直很好地保持了这一制度。”[10]为了不致误导，作者据实说道：我和你们中的一些人不喜欢民主制，但对事实进行理性的思考表明，我们站在道德立场上所谴责的东西作为一种实践力量却很强大，而且它的力量在于它的非道德性。这

是一种很有希望的研究思路，但在古代未受到追捧。相反，那些以反民主为取向的思想家们则把注意力始终集中在政治哲学之上。那么，赞同民主制的思想家们又怎样呢？A. H. M. 琼斯试图用幸
49 存文献中可供使用的支零破碎的证据来阐明民主理论，大多数证据是公元前 4 世纪的。[11]之后，埃里克·哈弗洛克(Eric Havelock)试图主要根据前苏格拉底时代的哲学家的只言片语，以发现自己所说的公元前 5 世纪雅典政治中的“自由主义趋向”。莫米格里亚诺(Momigliano)在评价哈弗洛克的著作时，认为他的努力注定要失败，因为“公元前 5 世纪绝对不可能存在一种非常清晰的民主思想”。[12]

我在先前的一章中已经指出，我不认为雅典曾经存在过一种明晰的民主理论。在雅典是有一些概念、基本原理和一般原则——琼斯已经把它们汇总到了一起——但它们并没有成为一种系统的理论。原因究竟是什么呢？认为历史上的每个社会体系或政治制度都必定伴随着精密的理论体系的观点，乃是一种奇谈怪论。大凡这种理论体系出现的地方，往往是法学家们的成果，而雅典没有严格意义上的法学家。制订思想体系也可以是哲学家的事，但这个时期具有系统思想的哲学家却又持有与民主制相悖的看法和价值观。所以我们必须依靠自己来分析雅典人为何没能制订一套理论体系的原因。

任何有关雅典民主制的说明如若忽略了四个要点(其中每一点本身都显而易见)，就不可能具有任何合理性。

50 首先，这是一种直接民主制，无论这一体制与代议制民主有多少共同之处，二者在某些基本方面却是迥然有别的，尤其与我在本

书中所关注的问题有所不同。

其次，埃伦博格（Ehrenberg）所称希腊城邦“空间狭小”的观点是理解希腊城邦政治生活的关键，他已正确地强调了这一点。[13] 亚里士多德用一段著名的话概括了希腊国家“空间狭小”的含义：“一个过大的城邦不能算是一个真正的城邦，原因很简单，这就是过大的城邦不能建立真正的政体。谁能成为不计其数的人群的统帅？除了嗓音洪亮的斯坦托尔，谁能担任这群人的传令官呢？”（亚里士多德：《政治学》，1326b3—7）。

再次，公民大会是这一体制的最高机构，拥有对所有政策的决定权，在实践中几乎不受惯例与活动范围的局限。（严格地讲，民众法庭因其成员人数众多存在着来自公民大会的诉求。然而，我在接下来的叙述中很大程度上忽略了——尽管不是完全忽略——民众法庭，因为我认为，正如雅典人自己所做的那样，民众法庭虽然使实际运作中的政治机制复杂化，但它们是人民直接行使绝对
权力的体现，而非削弱了这种权力。再一个原因是，我认为在这篇 51
简短的论文当中，如果我不把注意力集中在公民大会上，那我现在所做的分析即使不做重大调整，恐怕也会变得含混不清了。）

最后，公民大会仅仅是一个在所谓普奈克斯山丘露天举行的群众集会，所以第四点是我们正在讨论的民众行为问题。在公民大会上发挥作用的行为心理和规律，与在小团体或现代议会那样的较大团体中出现的行为心理和规律是不可能一致的（尽管必须承认，今天我们能做的也就是承认这些影响的存在）。

公民大会是由哪些人组成的？这是一个我们无法给出满意解答的问题。每个男性公民到了 18 岁时，就自然而然地有权出席公

民大会，而且直到他去世都享有这种特权（除了少数因某种原因失去公民权的人）。在伯里克利时代，适合出席公民大会的人数大约为 30,000 或 40,000 人，妇女不在其内；相当数量的非公民也被排除在公民大会之外，他们是自由人，几乎都是希腊人，却处于政治生活之外。人数更多的奴隶也无权出席大会。所有这些数字都是猜测，但成年男性公民占总人口（城乡人口算在一起）的六分之一这个假设还不算是太离谱。但是需要确定的关键问题是，40,000
52 人中究竟有多少实际上出席了会议。合情合理的设想是，在正常情况下，出席大会者主要是城市居民，极少数农民也许为了出席会议而长途跋涉。[14]因此，就直接参与而言，很大一部分有权出席大会的公民没有出现在会议之上。这是情况我们都知道，但对我们来说还不够。例如，我们可以借助史料中的几个线索猜测年龄较大的、更富有的人所占的比重较大——但这仅是猜测，而且所占比重的大小是无从推测的。

然而，有一个重要的事实却可以确定，即公民大会每次会议在人员构成上是独特的。公民大会没有固定的成员，只有在某个特定日子里召开的某个特定公民大会的成员。在和平时期，当没有重大议题需要辩论时，与会者从一个会议转到另一个会议恐怕不是什么了不起的事情。甚至即使有重大事项需要辩论时，情况也是难以预料的。当政策制定者进入公民大会时，他不可能有把握地说听众构成已发生了变化。无论是通过偶然的动员，还是通过对人口的某个特殊部分进行或多或少的有组织的动员，都可能打破投票的平衡，推翻先前的会议已做出的决定。而且，大会召开的
53 次数通常也不正常。举一个极端的例子，在伯罗奔尼撒战争的最

后十年，整个农村人口都被迫放弃乡村，生活在城墙之内。在此期间，如果认为出席会议的村民并不比平时多，显然是不合情理的。类似的情况也在一个较短的时期，即敌军正在阿提卡展开行动时出现过。我们无须逐字逐句对阿里斯托芬的戏文加以解释，他以一个坐在普奈克斯等候公民大会开始的农夫的独白展开了《阿卡奈人》的剧情。那位农夫自言自语，说他如何憎恶城市及生活在其中的每个人，如何想对任何没有提出和平议案的演讲者大声叫喊，让他住嘴。但克里昂不可能随意忽略这个坐在山坡上、面对着他的陌生成员。这些陌生成员很可能会颠覆一项政策，而这项政策本来可以在大多数城市居民出席的公民大会上获得通过。

有个鲜明的例子发生在公元前 411 年。当时，公民大会的成员受到胁迫，投票废除民主制。这件事并非偶然，它发生在这样一个时刻，即舰队被全部调动出海并驻扎在萨摩斯岛。在海军服役的公民都是穷人，他们是公元前 5 世纪晚期民主政体的忠实支持 54
者。他们身处萨摩斯岛，不能在雅典出席大会，这就使寡头们在当日的公民大会上以多数票赢得了胜利。而这些人不仅在具备资格的公民大会成员中是少数，而且一般总是少数。我们的史料状况不允许我们用手头的这些知识来系统研究雅典的政策，但领导雅典的人一定意识到了公民大会成员构成上的这种可能的变化，并把这一点包括在他们的策略考量当中。

再者，每次会议本身是完整的。即使许多准备工作要由议事会（*boule*）来完成，并且会发生非正式的拉票活动，会有某些设置来控制与审核那些轻举妄动、不负责任的动议。但有一点是实实在在的，即正常的程序一定是提出议案，再进行辩论，然后在一次持续举行的会议上对议案要么通过（经过修改或未经修改），要么否决。因此，我们不仅必须考虑到空间的狭小，还要考虑到会议召开时间的短暂，考虑大会产生的压力，特别是对领导者（和对也许是未来领导者）的压力。我已举出西西里远征的事例，该远征仅在一天之内就原则上决定了下来，然后制定方案，五天之后就讨论并投票通过了远征的规模和经费。

另一个完整的事例是众所周知的密提林辩论。在伯罗奔尼撒
55 战争早期，密提林城叛离雅典帝国。叛乱受到镇压，雅典公民大会决定处决所有密提林男性以儆效尤。但人们的感情陡然有变。在第二天的大会上这一问题被再次提出，原来的决议被推翻（修昔底德：《伯罗奔尼撒战争史》，3.27—50）。当时雅典最重要的政治人物克里昂倡导战争政策。对他来说，第二天的公民大会是个人的失败——他参加了两天的大会辩论——尽管他并没有因为这个结果而暂时失去他的地位（他完全有可能失去地位）。但是，如何估量在 24 小时内发生的重大转变对他的心理产生的影响呢？如何估量这件事的影响力呢？在他作为一位领导人的整个职业生涯中，是否意识到雅典政治中的一个持久因素，即有可能丧失自身地位这一点，又该怎样估量呢？我不能具体回答这些问题，但我认为这种压力恐怕不轻。克里昂必定能体会到（我们则体会不到）下面的事情对他这样的人意味着什么，即在伯罗奔尼撒战争的第二年，大瘟疫暂时动摇了民心，人们把愤怒发泄到伯里克利身上，重判了他一大笔罚金，并在短期内解除了他的将军职务（修昔底德：《伯罗奔尼撒战争史》，2.65.1—4）。如果伯里克利都遇到这样的事情，那么还有谁能免受影响呢？

在密提林事件中，修昔底德的记载表明，克里昂于第二天提出 56
的理由是无效的。他试图说服公众放弃会议开始时他们所追求的方案，他失败了。但正如修昔底德所说（修昔底德：《伯罗奔尼撒战争史》，8.53—54），公元前411年的那次公民大会的故事却有所不同。在会议开始时，公众对皮山大关于应考虑实行寡头政体的提议持反对态度。在会议结束时，皮山大却取得了胜利。实际辩论使足够多的票数投给他，使他获得多数票支持。

意在获得几千名户外观众选票的辩论就是严格意义上的演说术。因此，称呼政治领导人为“演说家”是极为准确的语言表达，可以把演说家看作是具有特殊技能的特殊政治人物的同义词，而不像我们可能做的那样，仅把这个称呼看作是一种特殊技能的标志。[15]然而，在雅典的条件下，这里还有更多的含义。我一直在努力描绘公民大会的画面，不仅意在说明演说术，而且想指出至少我们今天的代议制民主所缺乏的辩论与决策的“自发性”。[16]每个人，无论是演讲者还是观众，都知道在夜幕降临之前，必须对议题做出决定；还知道在场的每个人都要“自由地”（没有鞭子的威胁或其他党派的控制）与果断地投票。因此每一个演说、每一次争辩都必须
说服在场的观众。所有人都明白这是一次非常严肃的表演，无论 57
就整体还是每一组成部分而言都是严肃的。

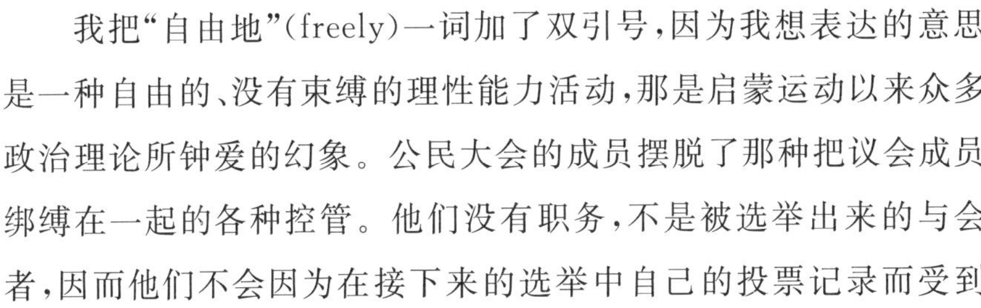

我把“自由地”（freely）一词加了双引号，因为我想表达的意思是一种自由的、没有束缚的理性能力活动，那是启蒙运动以来众多政治理论所钟爱的幻象。公民大会的成员摆脱了那种把议会成员绑缚在一起的各种控管。他们没有职务，不是被选举出来的与会者，因而他们不会因为在接下来的选举中自己的投票记录而受到

惩罚或奖励。但他们并未摆脱人的局限，没有摆脱习惯和传统、家庭和朋友、阶级和地位、个人经验、个人不满、个人偏见、个人价值观、个人追求以及个人恐惧、主要是潜意识中的恐惧的影响。当他们登上普奈克斯山时，他们携带着这一切，并在与我们今天的投票实践明显不同的条件下，带着这一切倾听辩论，做出自己的判断。对于个人或一个党派来说，在非经常性的场合投票与每隔几天对议题本身直接进行投票之间，存在着巨大差别。在亚里士多德时代，公民大会至少每三十六天召开四次。无人知晓这是否也是公
58 元前 5 世纪的一个规则。但有些时候，例如在伯罗奔尼撒战争期间，会议甚至更为频繁地举行。

我已还提到还有其他两个因素：一个是雅典世界的狭小，出席公民大会的每个成员都认识坐在普奈克斯山上的许多人；另一个是投票以民众集会为背景，这与我们实行的选民在彼此身体隔离的情况下在选票上做标记的非个人活动没有关联，而且我们知道在许多地方还有几百万男女在同步做着相同的事情，他们中的一些人相距几百英里之远。举例来说，当公元前 415 年亚西比德和尼西亚斯在公民大会上热烈辩论时，前者建议远征西西里，后者反对远征，每个人都知道一旦远征的动议被执行，那么他们两人中的一个或者两个人就会被要求去指挥作战。在观众当中，有很多人将被要求投票，决定他们个人是否将在几天之内作为指挥官、战士或舰队成员出征。在许多其他同样重要的事务上，如税收、食物供给、为陪审员支付津贴、扩大公民权、公民法等，类似的情景会重复出现。

毋庸置疑，公民大会的很多活动并不都事关重大，主要的活动

与技术性的措施(如宗教崇拜规则)或者仪式活动(如颁布对众多 59
不同类型的人的奖励)有关。把雅典设想为每周都有重大议题在
持不同意见的人群之间进行辩论并做出决定的城市,乃是一种错
误认识。但另一方面,极少有几个年份(肯定不会有连续十年期
间)没有出现重大议题:两次波斯入侵、完成民主化的进程、建立帝
国过程中的一系列措施、伯罗奔尼撒战争(进行了二十七年)和两
次寡头政治时期、无休止的外交策略的争论、公元前 4 世纪的战争
以及相伴随的财政危机,所有这些问题在腓力和亚历山大当政的
几十年里达到顶峰。如同在密提林辩论中克里昂所经历的那样,
下面的事情并不是经常发生,即一个政治家总是在接下来的日子
面对反复的程序;但公民大会确实经常举行,没有长时段的假期或
休会。例如,一周接一周的战争行动不得不在一周接一周召开的
公民大会上讨论。这就好像是在第二次世界大战期间,丘吉尔不
得不在每次行动之前要在公民大会或民众法庭中举行公决、之后
还要面对另一次投票一样。这些票决不仅决定下一步应做什么,
而且还决定是否要解除他的职务,放弃他的方案,甚至他是否应受 60
渎职罪的指控,是否应受罚金或流放的处罚,或者有可能因建议本
身或之前军事行动的执行方式而被处以死刑。除了公民大会上的
无休止挑战之外,一个政治家同样要面对无休无止的政治诉讼,这
是雅典政府体系的一个组成部分。

如果我强调心理层面的话,那并非是指对许多公民大会的投票者所具有的重要政治经验——这些经验是他们在议事会、民众法庭、德莫(*demes*)和公民大会上获得的——忽略不计,也不只是反驳我所指的脱离现实的理性主义观念。我想要强调的是某种实

在的东西，也就是出席公民大会所伴随的紧张程度。这种紧张对于演说家的案例来说是同样存在的（甚至更为强烈），因为每一张票都在评判他们以及将要对议题做出决定。如果我必须挑选一个词来最恰当地表现一位雅典政治领袖此时的状况，那么这个词恐怕就是“紧张”。

这种情况在某种程度上是所有受制于投票的政治家面对的事实。“政治和政府的绝望状态”是麦克卡鲁姆（R. B. McCallum）[*]所用的一个短语，随后他用这样的方式进一步展开论述：“毋庸置疑，嘲讽、厌恶党派政治家的各种花招与故作姿态，对具有辨识能
61 力的大学教授和公职人员来说，是自然而然的，在一定程度上也是合情合理的。对于在政府中任职的那些贪恶主人们的所作所为，他们可以独立自由地表达这种不满。但这似乎出自对党派政治家及其追随者的目标和理想以及对国家安全和福祉所持续承担的责任的……一种故意否定。首先，政党领袖在某种意义上都是使徒，尽管并非所有的政党领袖都是格莱斯顿（Gladstone）[**]；另外，有些政策是他们为自己制定的，有些是用来警示和吓唬他们的。”[17]

我认为这也是对雅典领导者的恰当描绘，尽管雅典缺少政党；它同样适用于对地米斯托克利、阿里斯提德、伯里克利、客蒙、克里昂、尼西亚斯的描绘。因为这一点显而易见，即这并非是对一种特定纲领或政策的优劣所做的判断。更确切一些，我说过这种描绘对雅典人的案例来说还不够到位。因为他们的领导人不敢拖拉，

* 牛津大学现代史与政治学教授，生卒时间为1898—1973年。他是“选举的统计分析”（psephology）一词的造词者。——译者

** 19世纪英国著名政治家，曾担任过四任首相和四任财务大臣。——译者

必须为自己赢得声望，不得不迅即发挥影响——这是直接民主制的必然结果，与代议民主制不同——他们不得不亲自领导，他们也不得不亲自承受反对者的攻击所带来的沉重压力。更有甚者，他们独来独往，当然他们有自己的副手和彼此联盟的政治家，但这些人基本上是个人关系，经常发生变化，这在帮助落实一项特定措施甚或是一揽子措施是有用的；但他们缺乏强有力的支持，缺乏支柱 62
或缓冲效应，而这种效应是由官僚机构或政党提供的，也是由罗马元老院这样的体制性机构提供的。关键是雅典没有现代意义上的“政府”。在雅典，有职位和职务，但它们在公民大会中没有一席之地。一个人仅仅是发挥个人作用的领袖，按字面意义来说，在公民大会中个人只具有非官员的地位。检验其是否拥有官员地位只取决于公民大会是否按他希望的那样投票，因此这种测试随着每一项提案而反复进行。

这就是雅典所有领导者都要面对的条件，不仅仅是那些被修昔底德和柏拉图不屑一顾的“蛊惑民心的政客”，也不仅是那些被现代历史学家所误称的“激进民主人士”，而是每一个人都要面对的条件，无论是贵族或平民百姓，利他主义者还是追逐私利者，能者还是弱者。按乔治·格罗特的话来说，他们“都可以在众目睽睽之下站在前面”对雅典人“提出建议”。无疑，促使人们挺身而出的动力是极为多样的。但在雅典的环境下，这些都无关紧要，因为他们中的每个人都毫无例外地选择追求领导权并积极为此工作和竞争，知道那意味着什么，其中包括风险。在狭小的范围内，他们不 63
得不使用相同的技艺。克里昂的演讲方式可能是粗俗喧嚷的，但亚里士多德的评价——他是第一个“吵嚷和挑剔”的人（亚里士多

德:《雅典政制》,28.3)——有那么严重吗?当美莱希亚斯(Melesias)的儿子修昔底德(历史学家修昔底德的亲属)和尼西亚斯分别向公民大会陈述反对伯里克利和克里昂的建议时,他们是在低声发言,我们可以这样想象吗?或者说我们能设想修昔底德会把他的上层阶级的支持者带到公民大会并坐在一起,组成一支捧场唱彩的队伍吗?[18]

这显然是一种轻率的处理方法。正如亚里士多德所讲的那样(亚里士多德:《雅典政制》,28.1),伯里克利的死亡是有关雅典领导权的社会史的转折点。直到那时,雅典领导人似乎还都是出自古老的贵族家族,包括负责推行改革、实现民主的那些人。伯里克利死后,一个新的领导者阶层出现了。不考虑我们熟悉的关于制革工克里昂或者制琴匠克里奥丰的偏见,事实上这些人物并不是穷人,他们不是后来变成政治家的手艺人和劳动者,而是在出身与眼界方面都与他们的前辈有所不同的殷实人物,他们为了打破旧
64 有的权力垄断而挑起愤恨与敌视。[19]当人们讨论这种看法时,总是到色诺芬那里去发现最起码的解释(不一定是错误的解释)。新领导者当中最重要的一个是被称为阿奈托斯的人,他与之前的克里昂很像,从奴隶制革厂获得自己的财富。阿奈托斯有着长期与众不同的生平,他也是指控苏格拉底的主要人物。色诺芬是怎样解释的?简言之,苏格拉底公开痛斥阿奈托斯培养自己的儿子像他一样经商,而不是教育他成为一个举止适当的绅士,而阿奈托斯对这种个人的攻击进行报复,使苏格拉底遭受审判并遭到处决(柏拉图:《申辩篇》,30—32)。

所有这一切都不否定在偏见和恶习的厚重表象背后存在的基

本问题。遍及公元前 5 世纪，有两个成对子的问题，即民主制（或寡头制）与帝国的问题，在伯罗奔尼撒战争期间达到顶点。战争失败终结了帝国，而且很快终结了关于雅典应该建立何种政体的争论。寡头制不再是政治实践中的严重问题。只有哲学家的坚持才制造出了有关它的幻觉。他们在公元前 4 世纪继续争论公元前 5 世纪的问题，但公元前 4 世纪雅典的政治却是真空地带。到公元前 4 世纪中期，实际政策问题或许没有以前那么富于戏剧性了，尽管对于参与者来说必定颇为重要：如海军、财政、与波斯和其他希腊国家的关系以及始终存在的谷物供应等问题。最后，随着马其顿势力的崛起，最终的巨大冲突来临了。那种争论持续了大约三 65
十年，直到伟大的亚历山大国王去世之后那一年才结束，当时马其顿军队结束了民主制在雅典的历史。

所有这些都是可以正当地与满怀热情地表达不同意见的问题。例如，就这些问题而言，柏拉图的论点需要我们给予最认真的考虑，但只是因为他自己集中精力探讨过这些问题。把对蛊惑煽动的指控纳入学术讨论，就等于诉诸同样不可接受的诡辩术，所谓蛊惑民心的政客就是因为这种诡辩术而受到谴责。例如，假设修昔底德把亚西比德提议的西西里远征归因于他的言辞放肆和可耻的私人动机是正确的，那么这与提议本身的功过得失有什么关系呢？如果亚西比德是一个天使般的年轻人，那么西西里远征作为一项战争策略便是更好的想法了吗？提出这个问题就是为了消除这个问题以及与它有关的其他所有观点。我们必须简单地消除对演说术的种种反对意见：按理说，希望领导雅典就意味着需承受努力说服雅典的负担，而这种努力主要是由公共演说术构成的。

66 当然，人们是明辨是非曲直的。例如，如果一场竞选是围绕结党营私的演说家们既不打算尊重、也没有能力尊重的许诺展开的，那么我应当承认最贬义的“蛊惑民心的政客”这个标签。但问题是，这种指控并不足以匹配对所谓蛊惑民心的政客的指责，而且我们知道的一个确切事例来自其他阵营。公元前411年，寡头制被“推销”给了雅典人，借口是寡头制为当时获得波斯支持并因此赢得不这样做就要失败的战争的唯一方法。甚至根据最可信的观点，即修昔底德已清楚表述的观点(《伯罗奔尼撒战争史》，8.68—91)，皮山大和他的同伙最初可能打算用这个借口，但他们很快放弃了尽力赢得战争的所有借口，集中精力于在尽可能狭隘的基础上保持新获得的寡头制。如果“蛊惑”这个词意在表达贬义的话，那我所指的“蛊惑”就是这个意思，在文字上就是“误导人民”。



但是，当时有哪些利益的问题呢？整个国家的利益与国内部分人或一个派别的利益之间假定的冲突是什么呢？这难道不是一种实在的区分吗？遗憾的是，关于公元前508年克里斯提尼建立原始形态的民主制和伯里克利掌权后期之间的这一时段所进行的
67 长期争论，我们没有直接证据(也没有任何有价值的间接证据)。在那些年，阶级利益最可能被公开、率直地阐发出来。真正的演讲词只是从公元前5世纪末期才开始幸存下来，它们揭示出那些未受柏拉图和其他人蒙蔽的人都能猜想到的事情，即诉求通常是为了国民的诉求，而不是派别的诉求。很少见到公开迎合穷人反对富人，农民反对城里人、城里人反对农民的现象。为什么会有这样一番景象呢？

同时，一个政治家不可能忽略阶级或派别利益或者两种利益

之间的冲突，无论是在今天的选区里，还是在古代雅典的公民大会里都是如此。雅典的证据表明，在很多问题上——帝国与伯罗奔尼撒战争或者与马其顿的腓力的关系——有关政策的分歧并非与阶级或派别的路线密切相连。但是，其他诸如执政官职和其他职务向拥有较低财产的人口开放的问题，或者为陪审员发放津贴的问题，或者公元前4世纪舰队财政或同盟基金问题，本质上都属阶级问题。两边的辩护者都知道这一点，也知道如何、在什么时候（和在什么时候不）提出他们相应的诉求，同时也知晓他们每一方争论的问题，并相信他们各自的观点会推动雅典整体的发展。为了控诉厄菲阿尔特和伯里克利，*eunomia*（依法治理的秩序井然的 68
国家）具有较高的道德要求，这不过是用虚伪的言语来掩饰现实的借口而已。[20]



亚里士多德在他关于雅典政制的小书中写了下面这段话："伯里克利是第一个为陪审员发放津贴的人，这是对抗客蒙财富的一种煽动措施。客蒙具有僭主的财富……援助他的很多追随者。他们当中的每个人都可以每天随意到他那里，并获得足够的给养。除此而外，他的所有地产都是开放的，因此任何人只要愿意，就可以从那里拿走果实。伯里克利的财产不允许这样慷慨赠予，根据戴蒙尼德的建议……他把人民自己的财物分给人民……所以他向陪审员发放了津贴。"（亚里士多德：《雅典政制》，27.3—4）

正如我在前面指出的，亚里士多德本人赞赏伯里克利的统治，他拒绝为这种解释负责。但在亚里士多德之前和之后的那些重复这种解释的人却认为，这是谈论一个迎合平民大众的蛊惑技巧的实例。明显的诘问是客蒙的所作所为是否在用同样的方式取悦民

众，或者反对为陪审员发放津贴也不是在取悦民众，而是在取悦富人。在这种条件中，不可能有什么卓有成效的分析，因为它们仅仅
69 是为了隐匿不同看法的真正理由。如果一个人反对作为一种政体的充分民主制，那么通过提供津贴来鼓励平民参与陪审法庭便是错误的做法；但此种做法之所以错，正因为其目标错误，并不是因为伯里克利借助提议并实施这一措施而获得了领导地位。如果一个人支持充分民主制，那这样做便是对的。

所有这些引出一个非常简单的命题，即蛊惑民心的政客——我在中性意义上使用这个词——是雅典政治体制中的结构性因素。关于这一点，我首先指的是若没有这些政客，这一体制根本就不会运转；其次，这个词同样适用于所有的领导人，无论他们所属的阶级或持有的观点是什么；最后，在相当广泛的范围内，人们不是根据这些政客的行为方式或方法，而是根据他们的表演对其个人进行评判。（我无须补说什么，我指的是政治家会在生活中得到准确的评判，如果说在书本中得不到的话。）一言以蔽之，人们可能很容易把雅典蛊惑家与现代政治家加以类化，但这里很快就出现了一个明显的不同点，不仅因为政府工作已经变得如此复杂，更主要是因为直接民主与代议制民主之间的差异。我已经讨论了民众会议（包括会议成员的不确定性）、缺乏官僚机构和政府体系以及雅典蛊惑家生活与工作的持续紧张状态。但有个后果需要多少做
70 一点考察，因为这些条件是有关雅典政治乃至整个希腊政治的明显负面特征的解释的重要组成部分（如果不是全部的话）。大卫·休谟这样认为："排除自由政府中的派系，如果说并非完全行不通的话，那也是非常困难的。但派系之间的这种根深蒂固的怒火，以

及此类颇为残忍的格言敬语，在现代仅仅是在一些宗教党派中才能发现。在古代历史上，我们始终可以看到，在一派得势的地方，无论贵族派还是平民派的（在这方面，我没有看到二者有什么区别），他们很快便实行屠杀……和流放……没有程序、没有法律、没有审判、没有宽恕……这些人极热爱自由，但似乎并未很好地理解自由。”[21]

对于休谟的这一正确观察，雅典几乎是一个完全的例外。换句话说，它摆脱了终极意义上的派别。在一场短暂的内战之后，民主制于公元前 508 年建立起来。之后，在雅典民主制几近两个世纪的历史上，武装恐怖、不依据程序或法律的屠杀仅有两例，即公元前 411 年和公元前 404 年，均由在短期内掌控了国家的寡头派所致。尤其是第二次，当民主派重新获得权力，在处理寡头派方面 71
表现出宽宏大量和依法行事，以至于柏拉图都对此加以赞扬。据说，在有关公元前 403 年恢复民主的表述中，他谈道：“有些人对在这次革命中的敌人采取凶悍的个人复仇，对此不会有人感到惊奇。但总体上卷土重来的派别在行事上还是公平的。”[22]这并不是说这两个世纪是完全没有非正义和野蛮的个人行为。休谟观察到“各派之间在这方面没有什么区别”，这是泛指希腊而非专指雅典。我们似乎对雅典的认识并不是很清晰，因为我们所看到的是被修昔底德、色诺芬和柏拉图等人扭曲了的雅典，他们夸大了极端民主的个别偏执事件——例如审判并处决赢得阿吉纽斯会战的将军们，以及审判与处决苏格拉底——同时他们又缩小而且往往完全抹煞另一些行为，例如，公元前 462 年或公元前 461 年厄菲阿尔特和公元前 411 年安德洛克利的政治暗杀，这两个人在他们所处的时代

都是最有影响的人民领袖。

既便雅典大体上避免了在其他地方如此普遍的派系倾轧的极端形式，雅典也不可能避免派争的较小表现形式。雅典政治具有孤注一掷的品性。每一方向目标不仅仅是击败反对方，还要摧毁
72 它，通过毁灭其领导者而铲除它。由于许多人在追逐领导权，所以各方都惯常玩弄这种把戏。其主要手法是政治审判，主要手段是聚餐会和谄媚。我觉得这些也是制度的结构性组成部分，并非偶然的或可有可无的多余之物。陶片放逐法、所谓的违法法案指控和公民对执政官、将军以及其他官员的正式监督措施，都是经深思熟虑才引入的安全措施，或者用来反对过分的个人权力和潜在的僭主，或者用来抵制腐败和渎职，或者用来防止公民大会本身不加考虑的鲁莽与热情行为。抽象地讲，无论这些方法在意图上怎样值得赞扬，从理论上却很容易证明这些措施不可避免地引起权力的滥用。问题在于它们是唯一可采用的方法，因为古代民主是直接民主，缺乏政党机制等。领导者和未来的领导者别无选择，只能采用这些措施，并去寻找可以困扰和击败竞争者和反对者的其他方法。

尽管这种全力以赴的战斗对于参与者来说无疑是难以忍受的，甚至是不公平的，偶尔还是邪恶的，但这并不意味对于整个共同体来说，这一切完全是一种不幸。基本的不平等、严重的利益冲
73 突和合乎情理的意见分歧都是真实而紧张的存在。在这种条件下，冲突不仅是不可避免的，而且在民主制度下还是一种善，因为正是冲突与和谐如影随形，没有单独的同一，这使得民主制不至于沦落为寡头制。就公元前5世纪大部分时间里占主导地位的宪制

问题而言，正是平民民主制的倡导者获得了胜利。他们取得胜利，是因为他们确实在为民主而战，并且战斗得十分艰苦。他们进行党派斗争，“老寡头”的《雅典政制》一文把雅典的强大归因于这点，从而做出了正确的判断。当然，他的洞见，或许他的诚实，并没有延及这样的事实，即在他那个时代，民主领袖依然是有财产的人，并通常具有贵族背景。不仅伯里克利，还有克里昂和克里奥丰，甚至包括色雷西布拉斯和阿奈托斯均是如此。后两者在公元前 403 年领导民主派推翻了三十僭主，他们获胜之后，又进行了值得赞扬的大赦行为。派别斗争不是直接的阶级斗争，它也从富人和出身好的人那里获得支持。派别斗争也不是没有规则或合理性的斗争。民主制对应“良好秩序”(*eunomia*)的口号是“权利平等”(*isonomia*)，正如弗拉斯多所言，雅典人追求“政治平等的目标……不是无视法规，而是支持法治”。他指出公元前 5 世纪和公元前 4 世纪的雅典穷人不止一次提出标准性的希腊革命要求，这就是重新分配土地。[23]



根据所有可用的检测，在这两个世纪，由于该时期罕有的人 74
道、平等意识与责任感，雅典成为最强大的希腊国家，具有强大的共同体意识，以及适度的韧性和弹性，甚至被赋予了帝国的雄心。阿克顿爵士是十分少有的把握住了公元前 403 年大赦历史意义的历史学家之一。他写道：“敌对的党派达成妥协，并发布大赦令，这是历史上的第一次。”[24]尽管具有所有熟悉的弱点，尽管存在群众心理、奴隶、很多领导者的个人野心、大多数反对者的不耐烦，但这的确是“历史上的第一次”。这不是雅典人唯一的发明：民主制的结构和机制都是他们自己的发明。他们摸着石头过河，没有先例可循，除了他们自己的自由概念、他们共同体的团结一致、他们的探询愿望（或者至少接受探询的结果）和他们广泛分享的政治经验。

很多对雅典成就的赞扬必定归结于国家的政治领导，我认为这是毋庸置疑的。普通雅典人也不可能对此提出质疑。虽然具有
75 各种紧张和不确定性、偶尔的判断和荒谬的意见改变，但人们还是支持了伯里克利二十多年，就像一个世纪以后，在颇为不同的情况下，他们最终支持一个不同类型的人——德摩斯提尼——那样。这些人和与他们相似的其他人（目前对他们知之不多）能够长期支持一个或多或少持续而成功的纲领。忽略这个事实，或者忽略雅典赖以成为雅典的政治生活结构，是完全不合常理的，尽管人们追随阿里斯托芬或柏拉图的引导，仅看到政治家的个性，或者他们的诡计和失败，或者有关一种理想存在的某些伦理标准。

最终，雅典失去了她的自由和独立，被一个强大的外部力量所摧毁。她陷入了斗争，比后来时代的很多危机更清楚地使人们理解了什么是危在旦夕。那场最后的战斗是由一个蛊惑民心的政客——德摩斯提尼领导的。我们不能这样对待问题，即我们不能在表扬和羡慕两个世纪的成就的同时，否定蛊惑民心的政客——他们是政治框架的建筑者、政策的制定者；或者否定公民大会——蛊惑民心的政客是在公民大会中并通过公民大会进行工作的。

# 第三章　民主、共识和国家利益

“凡对国家有利的就对通用汽车公司有利，反之亦然。”目前这 76
句经典评论仍会引起嘲笑和愤慨。如此直言不讳（也许有人会说
这是“犬儒主义”）并非公众人物的正常姿态。但这句话反映的难
道不是真实吗？对一个国家有利的又是什么呢？什么是国家利
益呢？

有人可能会巧言争辩说，在我们置身其间的经济体系中，国家
利益是依赖大公司日益增长的力量和收益来推动的。假如通用汽
车公司明天破产，那么整个国家都会深刻感受到失业、消费水平下
降之类的直接后果。相反，也有人认为，这种短期的负面后果是对
经济实行根本改造所必需的、无可避免的前奏，这也是为国家利
益。人们对这两种观点的选择，也就是对国家利益的两种互相矛
盾的定义加以选择，取决于关于人类与社会的基本观念。这些基 77
本观念既是伦理的又是历史的，或多或少是得到充分表述的，或多
或少摆脱了意识形态上的曲解，或多或少是被人们自觉地理解的。
从这些基本的观念到实际决策，推理的环节极其复杂，充满陷阱、
假象与不确定性。其中会有一些（并非是最困难的）因价值观的冲
突而引起的争执，例如在人们付出痛苦代价与假设会有一种行动
在未来得到好报之间存在冲突，但人们一般却不是始终令人信服

地把这种冲突解释为手段与目的之间的矛盾。

没有任何公共活动项目可免除这些困难。就目前人们偏爱的反污染行动而言,有人确实会从国家利益的角度把它看作是大家一致赞同的简单事情。谁会从烟雾、从江河湖海中有毒的水生生物获利呢?没有任何人会对这个问题提出反问。因为,不管怎样,如果没有任何人从中受益,那么无论政治和经济制度是什么,所有发达国家都深陷其中的环境污染的危险形势就根本不会存在。汽车工业抗议说自己不能支持新立法提出的减产建议。工会则游说反对“生态保护分子”,支持超音速飞机的持续开发,因为成千上万的工作岗位危在累卵。如果反污染运动的人不只是希望获得情绪
78 上的满足,那么他们将不得不从道德愤慨转化为实际的反对行动。巨大的化学和工业联合体不可能承担治理污染的费用。如果情况是这样,那么在我们的现行体制下,整个社会将会感受到这一经济的后果,而非仅仅公司自身。我还可补充一句:做何种选择不是由专家来决定,而是由政治决定。

我毫不犹豫地预测这场特殊争论的结果。虽然可以采取一些步骤来缩小损失,但这是在大公司最终愿意让步的限度内,即它们在把成本转嫁给消费者之后所能承担的范围内。“食品安全和防大麻法”* 提供了一个显而易见的模式。我在做这种预测时,没有判断对错。我只是表达事实的含义:在当今所有的西方民主体制中,人们都不愿意危及阶级利益或派别利益之间的现有平衡。在法国和意大利之外,没有真正激进的大型政党或势力集团,甚至在

---

* 1906年通过的法案,是美国重要的消费者保护法中的第一项立法。——译者

法国和意大利这两个看似特殊的国家，尽管维持这种平衡的渴望不易实现，却始终是强有力的，即使并未达到压倒性优势的程度。“政治宽松和共识”似乎成了高于一切的国家利益。[1]

我们该如何理解和评价这种现象呢？有多大程度的共识呢？在多大程度上这是政治冷漠的结果并因此是精英理论武库中的又一件武器呢？这些是基本问题。共识本身不一定是好事。在德国 79
关于“最终解决”的问题，[*] 即使不是意见完全一致，也有足够的共识，而且没有人要求全体一致的共识。当然，“好”属于道德范畴，我们业已看到，道德目标被当代政治学家中的一个强大学派所排除。一位著名的解释者写道：“一方面，人们对从道德角度出发来处理政治学问题具有极大的热情；另一方面，心理学和人类学以及政治观察所得出的洞见压制住了这种强烈的欲望。”[2]

如果说现在政治学与伦理学之间的联系在事实上已弱化了，那么自从希腊人“发现”政治学以来几乎两千五百年逝去，这在西方还是头一次。主流的理论家不仅认为政治实践通常是超越道德的，而且认为政治学与伦理学基本上没有什么关系。诡辩学家（或智者学派）特拉希马库斯（Thrasymachus）是近现代民主理论家的一个颇为奇特的祖先（尽管他们很自然地并不承认他），[3] 他否认正义是政治生活中的一种劝导性因素。[**] 人们只需查看一下从普

* 德国法西斯统治时期，大约 600 万犹太人、1,000 万斯拉夫人及各种各样的其他人被有组织地杀害。这种灭绝种族的罪行在英语中称为 holocaust（意为“大屠杀”），在希伯来语中称为 Shoah，纳粹委婉地用德语称其为“最终解决方案”（Endlösung），一般来说，将犹太人杀死就称为“最终解决”。——译者

** 在柏拉图的《理想国》中，特拉希马库斯作为一个对话者表示：正义不是什么别的，不过是强者的利益罢了。——译者

罗塔哥拉斯和柏拉图到古典民主理论的花名册，就可以理解一直以来对价值观的重新评价是多么令人吃惊。

再者，认为现代心理学、人类学、社会学和政治学为这种新见
80 解提供了证明的说法是错误的。这些现代学科对行为选择的多样性和局限性、对个人与群体应对形势和观念的复杂性提供了很多新的洞见(insights)。但是我不知道任何一种简单的“洞见”能合理地导出这样一个结论，即首先我们在历史上必须“压制从道德角度来处理政治学问题的冲动”。或者说，我并未意识到有一种简单的“洞见”，会不允许我们在比较两种行为时，不只是从技术的或策略的角度而且也从道德的角度，从或多或少值得追求的目标的角度来判断孰优孰劣。坚持“价值中立”原则的社会学或政治学，在实践中的结果却是“最极端的价值承诺”。[4]

我再次转向具体的历史认识问题，这次是对外事务问题，尤其是在这个领域的所有活动中最为复杂的问题，即对外战争的问题。从来没有一次战争，人们对它是否符合国家利益会具有普遍的共识。就此而论，我们大多数人恐怕会对路易十四的战争持否定态度，对反纳粹德国的战争持肯定态度。然而我需要费点时间回顾一下，并不是每个人都同意这两种观点。对我来说，路易十四的战争与罗马皇帝的战争相比，不会引起我更大的兴趣，它们根本无助于对民主和国家利益问题的理解。但古代雅典的战争却具有启发意
81 义。古典时代的雅典卷入了三次重要战争，在雅典的历史上，每次战争都是一个分水岭。第一次战争是在公元前 490 年和公元前 480 年反抗波斯的两次入侵希腊。第二次是伯罗奔尼撒战争，反对斯巴达为首的伯罗奔尼撒同盟。它开始于公元前 431 年，一直拖到公元

前 404 年，雅典战败，被迫解散了自己的帝国。第三次是抵抗马其顿王腓力，实际战斗与外交策略并举，但公元前 338 年发生在凯罗尼亚的一场重要会战，真正标志着古典时代的民主雅典的终结。

由于希波战争是非希腊强权带来的侵略，从这场战争中恐怕很少能获悉有关（希腊）国家利益的信息，所以我直接讨论伯罗奔尼撒战争。进行如此旷日持久的、困难重重的和代价昂贵的战争符合雅典国家利益吗？关于战争的直接原因是有争议的——仅在过去二十年内就有关于这一主题的两大本书出版[5]——但人们都同意较为深刻和长远的解释：原因在于雅典帝国主义，尽管雅典人也许并没有去寻求战争，但他们并不恐惧战争，而且他们不愿为了避免战争而改变他们的帝国路线。

公元前 479 年，波斯侵略者被第二次驱逐出希腊，第三次远征军在不远的将来大概就要来临，因此一个希腊海洋国家同盟被迅速建立起来，为的是把波斯人赶出爱琴海。在雅典人领导下，同盟 82
在六年时间里实现了它的目标，此时可以预料的分裂倾向出现了。雅典人以强力做出反应，不允许任何国家退盟，而且越来越多的国家被吸纳进来，同盟迅速丧失了自身的自愿特征，变成由缴纳贡赋的诸多国家组成的帝国。它们不仅在外交事务上要屈从于雅典日益增多的干预，而且其内部事务如被认为涉及雅典利益，也会越来越多地受到干预。雅典的物质收益很容易列举出来：从帝国获得的年度收入比从国内资源获得的整个公共岁入还要多一些，在爱琴海或许在地中海世界最强大的海军，确保了对雅典生死攸关的谷物进口（依赖海运）和大量次生收益。这些收益总是使成功的帝国受益良多。

然而,现代经验已经表明,帝国的财务状况报表只是我们分析问题的起点。雅典帝国的创建和维持符合谁的利益呢?换句话说,帝国获得的利润是如何分配的呢?▲

83 回答这个问题之前,某些初步的考察是必须的。当时希腊军队的作战主力是重装步兵,他们是由身披铠甲的步兵组成的公民兵,以严格的阵型作战。重装步兵需自己负担装备,服现役时除了按日获得很少的补贴之外没有其他酬金。[6] 因此,他们是从较富有的那部分人口中征募的。另一方面,海军是由较为全职的桨手(以及若干军官)组成的专业团体。在雅典帝国时期,雅典保有一支至少由 100 艘三列桨舰组成的常备舰队,一年中的八个月都为此支付薪金。此外,还要为在干船坞上的另外 200 人付酬,在需要时这 200 人要应招服役。[7] 桨手从较贫困的另一半人口中招募,并因此有了一个有序的重要搭配:富人与陆军,穷人与海军。

税收制度存在一种类似的平衡,这是我们所不熟悉的。原则上,希腊诸国认为无论是对财产还是对收入直接征税都是专横的做法,它们避开直接税,除非在战争危急时期,它们才求诸于临时性的资产税,至少在雅典,低于重装步兵财产资格要求的人都被免除资产税。政府的正常收入来自出租的国家财产、农场、矿山和房屋,来自法庭收费和罚金,也来自进港税这样的间接税。这些税收
84 得到希腊人所称的"社会捐献"(liturgies)的大量补充。"社会捐献"不是以税赋形式而是以直接履行某些公众义务(如为宗教节庆

---

▲ 在接下来的段落里,我通过排除一些政治学家所说的"象征性满意度"来审慎地进行有限分析。

提供合唱队或通过操控与维护三列桨战舰的形式）所强制支付的款项。虽然我们不能对此算出总数是多少，但雅典的“社会捐献”明显是沉重的财务负担。公元前 4 世纪，仅仅宗教节庆每年就需要至少 97 次约定的“社会捐献”。[8]较贫困的那一半人再次免除了这类负担。

总之，富人既承担政府的费用——包括公共宗教崇拜所需的大量费用，还在战争中承担大部分战斗任务，这在希腊（不仅在雅典）是一种规则。现在我们回到问题上来，即帝国的创建和维持符合谁的利益？就物质利益而言，简单的答案是，较贫困阶级显然直接在物质上受益。在舰队中充任桨手的数千人获得了生计，虽然收入有限，但并非远低于普通工匠或小店主的收入，或许这更有益于较大的农民家族的子嗣，他们能够把自己服役海军的薪酬添加到家庭收入之中。另外有很大一批人，或许有 10,000 人，分得了土地——这些土地是从反叛的依附居民那里没收的，同时他们被允许保留雅典的公民权。* 对海域的控制有助于保障主粮即谷物以合理的价格得到充分供给。对于一个国内生产不能达到除满足 85
所需还稍有剩余的共同体来说，这是至关重要的事情。劳动人口中的特殊部分，例如造船工人，也有收益，但我无须进一步讨论这些细节。



较富有公民们的收益很不明显，令人吃惊。由于希腊经济的特点，所有近现代帝国主义的方方面面，例如剩余资本的营利性投资或依赖廉价劳动力生产原材料的机遇，都不起任何作用。没有

---

* 指在外邦获得了份地并居住在份地上的雅典公民。——译者

任何雅典企业家在附属的土地上经营茶园或棉花种植园，开采黄金或钻石，修建铁路或黄麻工厂。上流阶级的很多雅典公民设法以某种方式获得了海外地产，但帝国得到的实惠同样刺激了附属居民。由于越来越多的外国商人和旅行者的出现，帝国促进了雅典商业生活的繁盛以及我们称之为非贸易收入的兴旺。然而，大部分贸易掌握在非公民手中，而非掌握在独立做出政治决策的公民手中。在这种背景下，没有任何一位古代作家进行过商业思考。

因此，我们不得不去寻找隐形的或至少是难以计量的收益，其
86 中一种无疑是雅典实行广泛的、极不寻常的公共开支的能力。例如，雅典卫城的重大建设项目，主要靠它的属国支付费用。这即是说，没有进一步加重较富有公民业已相当沉重的社会捐献负担。第二种收益是权势的诱惑力，尽管对此难以估量，但在心理和非物质方面的诱惑却是实在的，与财政无关。

这并非是全部。除了伯罗奔尼撒战争期间的两次事变，雅典在几乎两个世纪的时间里没有发生内部冲突，甚至摆脱了内战的传统预兆，即没有出现取消债务和重分土地的要求，这一点是显而易见的事实。我认为可行的解释是，在充分的民主体制盛行的长时期内，雅典有大量公共资金为海军和陪审员、公职人员和议事会成员发放薪金，并在臣服地有相对大面积的定居计划。对很多人来说，这也许只是辅助性的收入，而非充足的收入。但这种辅助性的效果却使雅典摆脱了周期性的希腊顽症——内部冲突。

为担任公职的人定期支付薪金一事也很突出，这在其他任何希腊城邦都不曾见到过。我认为原因在于这样一个事实，即没有其他城邦拥有可供自己支配的大量帝国资源。因此，即使明显按

照雅典模式实行民主或赋予民主新形式的那些城邦，也不可能为 87
积极参与政治的穷人——参与是他们享有的权利——提供薪金。所以我们可以合理地推测，在希腊其他地方，（公民）实际参与的程度远比雅典低得多。必然的结论是，其他地方的民主制缺乏古典理论所强调的教育因素。

实际上，我所论证的是，公元前5世纪后半叶的充分民主制若没有雅典帝国就不可能实行。如果考虑到富人的财政和军事负担，那么他们要求通过某种形式的寡头制而获得统治权便不是什么令人惊奇的事情了。不管怎样，大约从公元前6世纪中期始，民主制就开始出现在一个又一个希腊共同体当中，这种妥协的制度赋予穷人一定程度的参与权，尤其是赋予穷人选举官员的权利，同时维持了富人在决策中更大的分量。雅典最终改变这种现象，唯一的变量即雅典的独特之处就是帝国。对于一个帝国来说，海军是不可或缺的，这意味着下层阶级为海军提供了人力。这就是为什么我认为帝国是雅典类型的民主制的必要条件。当帝国在公元前5世纪末被迫解散时，这一制度如此根深蒂固，以至于没有人敢于尝试取代它，即便在公元前4世纪雅典在提供必要的财政供给 88
方面困难重重。

并非所有的现代历史家都认可这种分析，但我认为任何同时代的希腊人并不曾怀疑过民主制与帝国的密切关联。我已援引公元前5世纪一位寡头派的小册子作者写的一段话："那些操控船舰的人是为国家提供实力的人。"（伪色诺芬：《雅典政制》，1.2）这句话意在谴责，不只是描述，从整个小册子看，这一点尤为清晰可见。譬如，从下面这句较为轻佻、讥讽的评论中便可看出这一点："平民

要求为演唱、赛跑、跳舞和驾驶船只而获得报酬，以便他们可以得到金钱，而富人则变穷。”（伪色诺芬：《雅典政制》，1.13）

我们这里提到的小册子的作者谴责的不是帝国，而是以帝国为背景建立起来的雅典民主制。我在前面曾评论过古代统治的开放性，这一开放性导致的结果是帝国缺乏意识形态的包装，缺少意识形态的论证。根据修昔底德的记载，伯里克利向雅典人夸口说：“（我们的）臣民当中没有人会抱怨被一个配不上的人群所统治。”（修昔底德：《伯罗奔尼撒战争史》，2.41.3）这一点与我在史料中发现的关于帝国或伯罗奔尼撒战争的意识形态陈述很是接近，而且
89 人们承认这样讲并不算过分。雅典有广泛的策略性辩论，但那是另外一回事。或许不会有很多人像诡辩家特拉希马库斯那样直言不讳：“真正的统治者在政治上恰如其分地把他的臣民看作是绵羊，日思夜想的只是他能够从他们身上为自己获得什么好处，而不是别的什么事情。”（柏拉图：《理想国》，343b）但也没有太多的人在对外事务方面表达了相反的观点，认为既不应该有统治者，也不应该有臣民。从普遍接受该社会内部的奴隶到接受外国臣民，这算不上多么重大的一步，的确在有些时候已经用奴隶来隐喻臣民了。[9]

意识形态的缺乏导致另外两个否定。首先，相对而言几乎没有非黑即白的描述，很少有类似加拉哈德*领导光明力量反抗用刺刀尖挑死婴儿的野蛮人那样的描述。权力游戏中的成功或失败乃是形势使然，高超的智谋和较强的自律无疑是重要因素，但是几

* 加拉哈德（Sir Galahad）是亚瑟王传奇中的圣洁骑士，圆桌武士之一。——译者

乎无须进一步诉诸全面的道德对比和轻蔑,而后者正是意识形态论证的组成部分。其次,没有多少黑格尔哲学语言中的所谓国家物化的痕迹,以及根据 *raison d'etat* * 即 *Staatsräson*(没有合适的英文对应词)而提出的论证。

弗雷德里希·梅内克(Friedrich Meinecke)在论述这一主题的思想史的德文经典著作(1924 年第 1 版)开篇写道:"*Staatsräson*
(国家理性)是关于国家行为的基本原则,国家的第一运作法则。 90
它告诉政治家为了保持国家的健康与昌盛必须做什么。国家是一个有机体,其全部力量只有通过允许国家以某种方式持续发展才能保持下来。国家理性为这种发展指明了途径和目标。国家不可能任意选择途径和目标……国家的'理性'在于对自身及其周围世界的理解,在于从这种理解衍生出来的行动原则……对于每一个处于特定时刻的国家来说,都存在一种理想的行动路线,一种理想的国家理性。须知这正是政治活动家和历史观察家最为关心之处。"[10]

尽管这是德国理想主义的话语,但国家理性这个概念在其他地方也非常受欢迎,如戴高乐总统就不断提及"一个伟大国家"的职责。但这个概念在古希腊人中间却不流行。当亚里士多德宣称城邦(*polis*,城市国家)优于个体时(亚里士多德:《政治学》,1253a19—20),他指的是在他的目的论框架中,人类本质上注定要生活在城邦里,城邦是 *koinonia* 即共同体的最高形式。如果人类实现了天生的全部潜能,那就达到了人类的终极目标。当亚里士

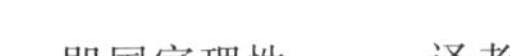

* 即国家理性。——译者

多德把是否依据整个共同体的利益进行统治作为判断一个政体优
91 劣的标准时，他的标准与出自国家理性的现代观点风马牛不相及。他用正义和善的生活的标准来判断国家，而现代观点则把国家的现存形态看作是至高无上的政治权威，甚至伦理权威。之后借助生物学隐喻——有机体、健康、旺盛、成长——而非伦理标准来对国家做出评判。梅内克称俾斯麦是“现代国家理性的代表者”，这几乎不会令人吃惊。[11]对于他所属的政治思想流派而言，国家往往最终等同于精英阶层。[12]

然而，如果说普通雅典人、领袖和追随者一致拥戴建立在物质基础之上的帝国，不存在对国家理性的神秘支持，那么人们也许会禁不住要问：颇为自傲的希腊人所认为的政治和伦理之间有什么联系呢？如果仅以雅典人自身的规则来判断他们的帝国行为，那么答案是：包括动产奴隶制在内的伦理体系并未因其他国家对帝国的臣服而受到破坏。希腊人的“自由”观念并未超出共同体本身。一个共同体自身成员享有的自由并不意味着在共同体内居住的所有其他人都享有法律上的（公民的）自由，也不意味着受制于一个共同体的其他共同体的成员都享有政治自由。[13]



雅典人支持他们的附属国实行民主统治，甚至有时把民主强加于附属国。就像在所有强权冲突中那样，整个爱琴海地区较小
92 的国家被迫积极或者消极地站在某一边，这影响到它们自身的内部结构并引起政治紧张。[14]在雅典人的实践中，必定有一种政治信念的因素，或者至少有一种政治感情因素，但它首先是一种策略，是罗马的“分而征服之”策略的雅典版。他们懂得，在这些往往是狭小的共同体中，较低下的阶级不总是强大到可以推翻地方寡头

的统治，他们可能宁愿成为雅典帝国的附属成员，更喜欢接踵而来的雅典对民主的支持，而非本国那种没有民主的政治独立。[15]如果较富有的公民承担向雅典缴纳贡赋（情况多半是这样），那么用物质的术语来说，臣服的“代价”对城邦平民而言是很低的。我可以补充一句，总体上这是一项成功的雅典政策，因为大约至伯罗奔尼撒战争末期，雅典人始终得到许多臣服国家的支持，包括军事援助。

那么，一位观察者而非参与者——他既不相信国家神秘物化，也不相信绝对事物，能够神话般地保持客观，把自己的伦理观和价值观置于一旁不顾——该如何确定过去和现在的任何政治行为是否是以国家利益为重呢？我认为他必须以一个常识为起点，即，所有政治社会，无疑包括所有已知的民主社会都是由多种利益群体——伦理的、宗教的、区域的、经济的、地位的、党派的——所组 93
成。这些群体对于业已提出的任何行动路线，都或在策略上或在意义更为重大的目标问题上，存在着尖锐分歧。正像通常在遇到较大议题时出现的情况那样，当任何一个或所有这些群体在因各自的目标而面对一场冲突的时候，决策成了非常棘手的事。

没有任何事物比外来入侵更能说明这一点。我们必须记住，吉斯林们（Quislings）*并不都是反常的个体，也不全是领取酬金的代理人。其中有些人代表利益集团，这些利益集团要么认定抵抗的代价对它们来说比可以预估的投降代价更大，要么认定敌人

* 吉斯林，第二次世界大战期间任挪威首相，因为与纳粹德国合作，他的名字成为卖国者的代名词。——译者

的占领有利于改善令人失望的国内局势。受到德尔斐神谕认可的那些希腊国家，在公元前5世纪初并没有反抗波斯人，这是一些虽条件不同却有着相似情状的一个早期例证。再举另外一个希腊事例：随着马其顿王腓力（亚历山大大帝之父）的势力日渐强大，意识到这一点的部分雅典人却拒绝承担（对抗的）风险，直到为时已晚。他们并非有意或者并非完全有意放弃了雅典的独立和自由，他们接受的那套价值观念使他们对其他价值观念受到的威胁发生误判。这很容易令人想起最近的一些类似现象。

希腊社会即希腊政治社会（公民集体）的利益群体的结构相对
94 简单。它们之间既无伦理也无宗教的分野，不存在制度化的具有既定利益的政党组织。在农村与城市之间可能存在着不同的局部利益，最重要的是富人与穷人之分。对于贫富分野，“社会阶级”或“经济阶级”这样的术语是在误导。在这种社会里，大多数人都是土地所有者，从拥有三英亩或四英亩小块地产维持生计的农民，到从地产中获取可观的现金收入的大地产主。在这个社会里，大多数商业和制造业是以家庭为基础进行的，只处于维持生计的水平。同时仅有很少数较大的企业或较大的商业公司使用奴隶劳动。诸如资本、投资政策和信贷这样的现代概念是不适用于这一社会的。因此，我保持了所有希腊评说者自己所使用的语言，仅仅谈论富人和穷人。[16]

我们已经看到，在雅典，这两部分公民是怎样支持帝国的，尽管出于不同的、甚至彼此冲突的利益考虑。我们已看到，除了少数顽固的反对者，一种有关雅典民主类型的充分发展的基本共识是如何实现的。我们也已看到从事伯罗奔尼撒战争的决策是由公民

大会做出的，我们没有理由怀疑公民大会构成了整个公民集体的 95
一个清晰的样本。在战争过程中，当决定入侵西西里岛的大胆战略动议时，修昔底德本人的叙述排除了任何可能的怀疑。他自身的语气似乎带有恐惧，这种恐惧或阻止了少数反对者的发言，或甚至阻挠了投票。但对我们来说，由这种语气可以合理地推导出一个事实，即无论如何，他们都是**人数很少**的少数派。

那么，就决策机制而言，雅典人接受斯巴达的挑战，投入伯罗奔尼撒战争，或许可以认为是出于国家利益的考虑。这个社会中的所有主要利益集团都积极地参与了讨论并最终做出决策。但这并未结束分析。我们还必须考虑国家利益是否得到了正确估计。首先，我必须强调，我没有忽略对雅典人价值观的判断，这些价值观介入了雅典人关于他们国家利益的决定。我坚持认为奴隶制与希腊文化中最优秀的因素必然交织在一起。仅就这一点而言，我赞成奴隶制。

这样的“道德相对主义”（正如它有时被错误称呼的）可能引起不安，但它是从“心理学、人类学以及政治观察所获得的真知灼见”中得到的教益。它们教给我们的，不是我们必须压抑用道德术语
来论述我们的（或任何其他人的）政治的强烈欲望，而是我们必须 96
承认，其他社会能够，而且已经非常忠实地依据与我们不同的，甚至是令我们厌恶的道德术语诉诸行动了。历史学的解释不同于伦理判断。如果某人对“有机”（organic）国家具有一种神秘的信仰，或者如果某人相信绝对事物，无论是柏拉图哲学的绝对，还是任何其他的绝对，那么他便有了一个简单标准，并会用此标准来评价过去、现在和未来所有的政治行为。但之后，所有的历史分析就完全

没有立足之地了。柏拉图坚持这一点。他一再说所有现存国家都不可补救地存在缺点；正义国家、理想国家将由哲学王通过他们对理想国家形态的理解，而非通过对社会历史的研究而进行统治。

道德标准不会自动被一个多元的社会接纳，道德和利益并非是截然分开的。在最近由一位博学的专家撰写的论美国和世界秩序的著作中，我们从题目为“美国国家利益是什么？”的章节中读到了下面一段话：

> 在极右派(Extreme Right)圈子之外，把独特的价值观和特殊的品质归诸于美国、归诸于它的政治风格、它的公共和私人生活方式的做法，已不再时髦。有时，获得承认的特殊品质更经常地成为嘲弄而非赞扬的对象。然而，有这样一些价值观，它们需要在一个迅疾变化莫测的世界里得到保护……对(它们的)阐释构成了我的有关国家利益定义的本质……这种利益对我来说既是伦理的也
> 97 是切实可行的……这些价值观是什么呢？在面对更强大的政府和私人官僚机构——很快被完善的自动数据检索系统所加强——的时候，我希望为个体自由保留一个宽大的空间，免于政府、公司、工会、政党、社会俱乐部、狭隘的派系和计算机的操纵。在面对日益增强的对所有生活形式加以控制——无论通过武器还是药物——的能力时，我确信需要最大限度地尊重人类生命本身。[17]

摆脱被操控和最大限度地尊重人类生命，这种个人自由是无

可争辩的价值观，但有人可能会怀疑它们是否构成一种能够切实可行的有关国家利益的定义，并据此建构一种外交政策。我们大多数人都同意，自雅典时代以来，人类取得了重大的道德进步：动产奴隶制被废除，*几乎无人挑战平民政府亦即民主的原则，没有一位民主政治领袖使用伯里克利式的语言公开谈论帝国，物质的进步使得以牺牲附属国来确保自身物质和政治利益的做法在理论上变得没有必要。然而，与国家利益有关的孪生难题——首先是国家利益的确定，其次是它在实践中的兑现——似乎还没有得到有效解决。

这个看法与以下事实绝不矛盾，即政治领袖经常强调他们的政策是基于国家利益，其他政策则不是。综观整个历史，他们都是这样做的，我乐意接受他们的“诚实”，也乐意接受他们的支持者与 98
反对者的“诚实”。但争论通常是在修辞层面上展开的，目的在于说服而非证明，因此并不能显示他们主张的真实性。他们选举的成败也不能表明这一点。

在论及官僚制度在当下西方民主体制中运行的方式时，亨利·基辛格说：“对赢得支持的重视使决策变成在特殊利益之间的一系列调整——这种程序更适于国内政策而非对外政策。”[18]他不以为然地写出了这一点，但很多政治学家却同意他的描述，认可这种实践，认为这恰恰是民主程序应该呈现的样子。但特殊的利益是什么呢？对决策者的实际支持在社会各种利益的光谱上又具有怎样



* 芬利在这里指梭伦改革废除了奴役同族公民的旧俗，使用外来奴隶的动产奴隶制并未被取消。——译者

的宽度呢？如果这种调整赋予一种利益远比赋予一种与之冲突的利益要多，那么情况会怎样呢？

在“调整”一词的背后潜藏着一个数学模式，我认为数学模式思维完全不适用于社会问题。显而易见，在对外政策方面，英国面
99 对是否加入共同市场的抉择，其选择要么是肯定，要么是否定，没有中间路线。类似的调整，是在撤销对新西兰羊肉和羊毛总量予以特惠处理之前搁置共同市场十年的让步，仅对共同市场反对者做出的一个很小让步。一种利益集团已经战胜了另一种利益集团，这便是发生的一切。同样，返回到雅典人那里，他们要么入侵西西里，要么不入侵，那种莫测高深的“调整”是不可想象的。

在特殊利益间调整的概念之后也隐藏着更为一般的共识观念。帕特里奇（P. L. Partridge）在1961年发表的一篇论文中指出：“当代关于权利或自由的重要争论……倾向于越来越少地提出高度概括性问题……是否存在着一种几乎普遍接受的信仰呢？亦即技术和经济的不断创新、经济资源的持续扩张、‘物质福利’标准的接连提高，是否就是社会生活和政治活动的主要目的，也是判断一种社会秩序成功和有效的主要标准呢？……它们是‘内化’的标准，致使任何替代性的社会哲学都变得不合时宜且软弱无力。”[19]

这个观点存在一些难解之处。首先一个难题是：坚持这种“高度概括性”是否足够。在我看来，对不受操纵的个人自由持有某种信念，似乎远比信任技术和经济不断创新以及其他东西更具实用
100 性和操作性。即使没有“替代性的社会哲学”，现代社会也为各种实践的剧烈冲突留有空间，而这些实践将极大地促进技术和经济的不断创新以及物质标准的持续提升。污染问题就是一个充分的

证明:假如污染问题超越了自我约束(如限定自己吃“有机食物”)的个体行为,扩大为严肃的政治要求的话,就会威胁到大公司时下的利润计算。

一个更为严重的难题出现在帕特里奇附加在其评论之后的警示性注释中:“当然,政治和伦理共识有可能比看上去还更为表面化,有可能在较深层的社会土壤中‘生长出’冲突或沮丧,而我们大多数人并不能足够敏感地觉察这一点。”如果我们放弃这个农业隐喻,那么我们能够用另一种措辞来表达这一难题,即这种共识可能仅仅是幻觉,“整齐划一的社会价值观”基本上仅存在于“真正分享社会权力”的很小的阶层当中。[20]

因此,在 1964 年的总统选举时,一项对美国选民政治信仰的重要研究表明:“选民不仅在政治信仰方面存在分歧,而且在对政府的实际纲领和行动的态度上存在冲突,在有关政府及社会的思
想意识和抽象概念之间存在抵牾。”[21]对下述问题的解答同样如 101
此:一方面,联邦政府有责任尽力减少失业吗? 另一方面,政府对商业活动的规范和对自由企业制度的干预是否过度呢? 冲突如此尖锐,以至于(白人当中)65% 的抽样在“政府运作”的选项上完全或主要持自由的态度,对“意识形态领域”的开放态度却下降至 16%。[22]

这种显而易见的不一致反映了知识的匮乏,政治教育的缺失与冷漠。但问题还远不止此。当问题切身相关并因此更容易被感知的时候,譬如关于地方债问题,就会出现重大的政治疏离因素。至少在美国,众所周知,这类问题会引起很高的投票率,产生大量的反对票,尤其在社会经济地位低下的群体当中。一张反对票并不一定只是针对这个特定问题,也是在针对“制度”和他们自己“缺乏制度化的公民权力”。[23]

目前存在着一种意识形态的共识,即对抽象的有关“民主信仰”的一般陈述表示赞同的共识,这无疑不应否认。然而,问题是这种共识所反映的“象征性的满意”在多大程度上掩盖了深刻的沮丧。这种沮丧被广泛流行的政治冷漠准确地记录下来。这种政治冷漠源于无能为力的感觉,源于不可能与那些在政府决策中占尽
102 优势的利益集团进行抗争的现实。“共识的代价乃是由被排除在共识之外的人支付的。”[24]

对于一位古代雅典人而言,要在“我们”即普通人和“他们”即政府精英之间划出一条泾渭分明的界线,恐怕是件不容易的事。这一点在有关当今政治冷漠现象的回应中已被经常提到了。[25]二者的态度差异不仅源自直接参与的民主和非直接参与的代议制民主之间的根本不同,还源自这两个世界的利益集团结构与各种利益集团有机会影响决策当局的程度之间的根本不同。

最后,还有一个问题,就是国家利益是否得到了正确估量(除了已经讨论过的不同利益之间的分歧)。一方面,存在着一种简单实用的测试。雅典最终在伯罗奔尼撒战争中战败并同时失去了帝国。这是对如下观点的初步论证,即发动战争尽管是几乎全体一致做出的决策,但并非出于国家利益的考虑。当然,这一论证并不能如此简单地得到解决。人们还不得不试图权衡拒绝与斯巴达联盟进行战争的后果。就这个案例的本质而言,它只能是一种历史
103 的论证,它始终不可能在决策的那一刻(或者说,至少在一个重要的节点,当决策付诸实施的时候)由当事人自己来论证。另一方

面，在短期和长期利益之间，在超音速飞机工业令人满意的就业这一短期利益和长期的后果（据说可能对飞机制造业工人有伤害）之间，可能存在着冲突。

后面这一点被马克思主义者加以最大限度地发挥。他们使用了“意识形态”这个术语，意指虚伪的意识，即对某个阶级的利益的错误信念。在安东尼奥·葛兰西（Antonio Gramsci）的著作中能够看到一些深思熟虑的讨论，尤金·吉诺维斯（Eugene Genovese）曾对葛兰西的中心思想有过简明的表述：“统治阶级意识形态的基本职能是为了统治阶级自身，也是为了给它统治的那些人提供一个统一的世界观。这种世界观具有充分的灵活性、综合性，且具有调节作用，使被统治阶级确信其统治霸权的正义性。如果这种意识形态只是直接经济利益的反映，那么它也许比百无一用还更要糟糕，因为统治阶级的伪善和贪婪很快就会被最可怜卑微的臣民所识破。”[26]有一个简单的例证是我们所熟悉的马克思主义的论点，即帝国主义、殖民主义是与工人阶级的利益相互对立的，尽管直接的物质所得有可能会落入宗主国的工人手中。 104

在古希腊，由于对奴隶和外邦属民的明火执仗的剥削，几乎没有马克思主义意义上的意识形态存在的余地。亚里士多德宣称天然奴隶制的理论。根据这一理论，某些人类群体天生是奴隶，而其他群体天生就是主人；结果是奴隶制对两者同样有利。这一学说尽管在两千年后的新大陆得以复活，[27]但是对于作为一个群体的奴隶的说服作用几乎可以忽略不计，而且，它也最终证明对自由希腊人也没有什么劝说意义。自由希腊人因粗浅的经验主义观点——奴隶制多半是非自然的，但无论如何是不可或缺的，是一种

生活中的事实——而抛弃了此学说。“奴隶制是一种 *ius gentium*（万民法）的制度，凭借这一制度，某人屈从于另一人的支配，这违反自然。”（《学说汇编》[*Digest*]，1.5.4.1）

另一方面，在我们的社会当中，随着社会结构的越发复杂，以及正式放弃诸如屈从和残酷剥削的行为是可以接受的之类思想，这里面一定有正当的理由。如果说“所有人生而平等是不言自明的”，那么所有人在独立、权力和权利上远非平等也是不言自明的。对此有必要进行某种解释，那些不满足于流行解释的人肯定不全是马克思主义者。[28]

105 当今，由于没有一种统一的社会哲学，一种世界观，无论是亚里士多德主义还是马克思主义或任何其他主义，关于国家利益的论证都变成了纯粹的政治修辞，变成一种缺乏分析和验证的话语形式，例如对通用汽车公司或民主党或某个其他机构有利的对国家便有利的说法。另一方面，遵从内在一致的哲学，关于国家利益的提法变成了一种同义反复：论点既不能被支持，也不能被否定，除非这些论点支持或反对给利益下定义的基本哲学观点，或者一种关于策略的讨论力求明确某种既定的活动或建议是否有利于该哲学所要求的更为宏大的纲领。无论是哪种方式，“国家利益”都是一个强加于人的术语，只能造成分析的混乱，不能促进分析。除却在一个异常小型、简单的社会（或许格陵兰岛上的爱斯基摩人社会），或者在乌托邦社会当中，各个特殊利益集团的特殊利益才是能够进行有效分析的特定用语。

我没有用很大的篇幅谈论政治家和记者们的微不足道的那些说辞。我一直想做的是从另一个角度来思考本书第一章的主题之一，即政治冷漠在精英主义的民主理论中的位置。我的看法是政治冷漠远不是健康的民主制所必需的条件，而是对不同利益集团在决策领域的不均衡现象所做的退出反应。换句话说，是对“政治 106
发展”的一种回应——赋予权力合法化的是功能至上，而非利益的表达。[29]

我再次重复我的历史观：如果政治冷漠在民主制社会不是如此大规模地显而易见，那么它当下的强度必定要在它或者受欢迎或者被唾弃之前得到解释。莫里斯·约翰尼把政治冷漠赞扬为“与狂热者对抗的力量，狂热者是自由民主制的真正危害者”，而利普赛特把狂热者归入“极端主义运动”，极端主义者是“社会各阶层中的不满现实者和心理空虚者，失意者，孤闭者，生活无保障的人，文盲，不懂世故和崇尚威权的人”。

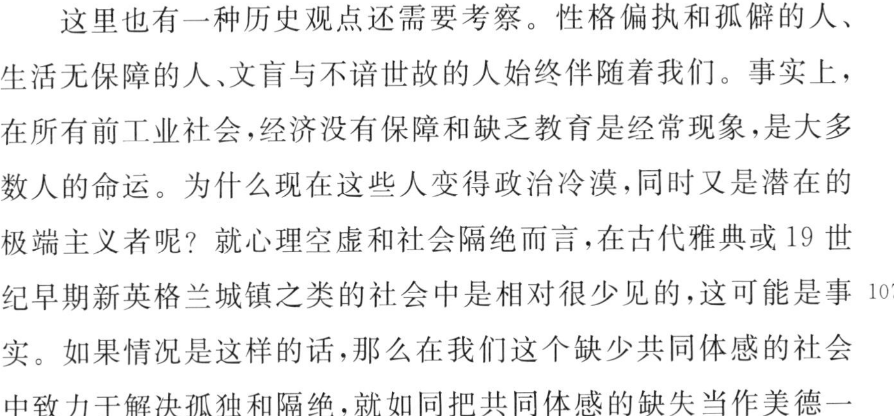

这里也有一种历史观点还需要考察。性格偏执和孤僻的人、生活无保障的人、文盲与不谙世故的人始终伴随着我们。事实上，在所有前工业社会，经济没有保障和缺乏教育是经常现象，是大多数人的命运。为什么现在这些人变得政治冷漠，同时又是潜在的极端主义者呢？就心理空虚和社会隔绝而言，在古代雅典或19世
纪早期新英格兰城镇之类的社会中是相对很少见的，这可能是事 107
实。如果情况是这样的话，那么在我们这个缺少共同体感的社会中致力于解决孤独和隔绝，就如同把共同体感的缺失当作美德一样，是合情合理的。

最后，什么是极端主义运动呢？在专制政府统治之下，暗杀和军事政变往往是引起政府政策发生重大改变的唯一可行方式。然而在民主体制下，根据定义，机会总是可以通过讨论、辩论和选举

程序而获得。那么,一场运动能够被恰如其分地定义为“极端主义运动”(我们必须承认这个术语具有任意性[30]),不是根据它所造成的变化程度,而是根据它的决断,即常规民主程序不能达到它所追求的目标,因此必须采用打破民主制框架的方法。这类运动在过去并不是没有发生过,但至少在雅典,颇有意思的是极端主义者集中在受过教育、经济上具有保障的上层阶级中间,他们中有些人必定参与了公元前462年谋杀伯里克利政治上的良师益友厄菲阿尔特的行动,并于公元前411年采用恐吓或谋杀手段造成短命的寡头政变。

极端主义运动在20世纪的西方民主国家起了重要作用,这一点不容否认。精英主义理论家对此又做何解释呢?一方面,潘格洛斯博士*认为:这是所有可能的世界中最好的一种世界,任何没
108 有发现这一点的人都把一堆绰号顶在了自己头上,如个人失败、心理空虚、没安全感,大老粗、独裁主义者。“正在丧失的品质……是克制的品质。”[31]另一方面,有人提出了这样的理论,即民主制的精髓在于制定政府政策的机会被局限在互相竞争的政治决策者之间定期选择。这一学说的逻辑存在缺陷,它否认大部分人可以有效参与决策过程,理由是他们的要求可能是“极端主义的”,并把他们缺乏克制力作为把他们排除在决策过程之外的正确依据。对于这种说法已经有了很好的回答:“关于城市贫民窟的理论严重有误。它把社会生态条件转化为心理特征,把加害者的扭曲特性转嫁给



* 潘格洛斯是伏尔泰的小说《老好人》中的盲目乐观者,这里戏称盲目乐观的学者。——译者

了受害者。实际上，关于贫民非理性的所谓无可争辩的假设，已无情地导致那些最荒唐的预测得以自我实现。”[32]

必须考虑到任何既定利益集团都有放弃民主程序的可能，因为它们认为不能通过民主来实现自己的目标。我提到的雅典寡头集团就是这样的例子，他们的信念是有充分根据的：考虑到雅典的政府程序，他们只有借助恐吓、谋杀和欺骗才能战胜公民大会。我们的程序与此必有不同，但当这种不同达到一定程度，即精英理论 109
转变成为明确的美德时，关于“不可能被说服”的信念又怎么可能被验证呢？这种情况所提出的问题是极为复杂和难解的。在我看来，对目前和更遥远的过去的历史考察表明，试图通过退居冷漠（当作一种美德）来解决问题是为了拯救这种现象而做出的绝望的尝试。

# 第四章 苏格拉底及其后

110 约翰·斯图亚特·穆勒在他的《论自由》一文引言中写道:“本文的主题是力主一条非常简单的原则,它有权绝对控制社会以强迫和管制的方式干预个人之事,不管这些方式是法律惩治的有形暴力,还是公众舆论的道德压力。这个原则就是对自我的保护。这是无论个人还是集体,在干涉任何群众成员的行动自由时,要确保的唯一的正当目的。对于文明社会的任何成员,能够违反其意志而正确行使权力的唯一目的,就是防止对他人的伤害……任何人的行为当中,都有一部分涉及他人,他因为这一点而对社会负有责任。在只涉及他本人的那部分,他具有绝对的自主权。个体对他自己、他自己的身体和思维,具有最高主权。”[1]

试图在“只涉及他本人”的行为与在严格的私人领域中“对他
111 人的伤害”行为之间划出一条界限是极为困难的。当穆勒把“公众舆论的道德压力”与“法律惩治的有形力量”等量齐观时,他没有使任务变得容易一些。在同一篇文章的其他地方,穆勒坚持认为“抵制行政官员的专制还不够,还需要抵制盛行意见和情感的专制,抵制通过除民事惩处之外的其他手段、把自己的观念和实践当作行为准则而强加在与他们有分歧的那些人身上”。

之后,他相当随意地通过介绍另一个不同观点而损害了这个观点:“有很多行为,只是直接对行为人自己有害,不应被依法制止。但如果这些行为在大庭广众中实行,那它们便是对良好习惯的冒犯,并因此进入了公共犯罪的范畴,可以被正当地加以禁止。”[2] 于是,我们便陷入了有关法律和道德的争论之中。今天的理论家、立法者和一般公众正在对此进行着激辩。[3]

然而,我关心的是公共领域,关心的是政治,尤其关心实行政治行为的个人的权利(或自由)。每个国家都试图,保护自己,避免被来自内部和外部的力量所摧毁;以某种方式承认言论自由的国家发现其内部对自我的保护恰因该自由的存在而复杂化了。 112

“国会不应立法独尊一种宗教或禁止自由行使宗教权利,或者不应制定剥夺言论自由、出版自由、人们和平地出席公民大会的权利以及剥夺因冤屈而向政府请愿的法律。”这是否意味着没有法律呢?自由主义的法学解释认为:“把言论划分为合法和不合法的原则包括两种十分重要的社会利益——公共安全和寻求真理——之间的对立与平衡”,它用这种方式“解决了”“确定言论自由的界限问题”:“这个界限被限定在紧紧贴近言论将引起非法行为那个点上。”[4] 这种两难处境与穆勒的处境相同(而且很多言辞和论点同样如此)。在政治领域,言论的目的是引起行动,而提议的行动可能对政治制度或社会结构造成剧烈改变,结果从那些并不希望如此变化的人的角度来看,这种行动构成了对国家的威胁。那么谁将扮演这种解说所要求的在自由与安全之间保持微妙平衡的角色呢?这将会确保二者并存下来。

这种两难的处境并不局限于民主国家,在政治决策和行动的
最终批准权属于社会本身而非某个高级权威的任何地方都可以找 113

到。神圣的君主制没有此类问题，神灵认可的统治者也不会遇到这种窘境，正如古代近东的情形一样。著名亚述学家托吉尔·雅克布森（Thorkild Jakobsen）提到过："臣服作为首要的美德必定被突出出来。在美索不达米亚，'善的生活'就是'服从的生活'，这一点毫不奇怪。"[5] 相反，在希腊人当中，早在采用民主制之前，共同体的治权就隐含了我们现在的窘境。在《伊利亚特》（2.211—278）中，瑟赛蒂兹（Thersites）* 由于对集合起来的战士提出建议，放弃特洛伊远征，因而受到奥德修斯的殴打和禁声，但这是因为他是一介平民。任何"英雄"都能随意地提出建议，而从平民利益的观点看，这却是危险的提议。

不过，这个事例和其他类似事例反映的是一个很不成熟的共同体，并因此是一个初步的、处于两难境地的国家。当希腊人发展出真正的民主共同体时，这种两难处境就成了中心问题。在第一章，我讨论了雅典人在公元前5世纪采用的两个法案，这是有意识地用来应付这一问题的。一个法案是陶片放逐法，此法案使单个人离开共同体若干年，以防止他有效地表达和宣传自己的政治观点。另一套法案是违法法案指控，这是一种法庭程序。依据这个法案，一个人因在公民大会上提出了"非法议案"，可以被审判、定罪和处以巨额罚金，即使该议案曾得到这个拥有最高治权的团体
114 的认可。这是颇具独创性的制度，它使政治演说家要接受其建言的风险，如果其建言被这个具有最高治权的团体转化为行动的话，那么该团体显然有权这样做。这项法案宣布一项合法的动议可能



---

* 瑟赛蒂兹是荷马史诗《伊利亚特》中的一名希腊士兵，喜欢骂人。——译者

在第二次讨论时被宣布为非法，它的提出者将因为他的言辞而受到惩罚。

这两项制度有可能会出现这样的情况，雅典人把“言论自由的界限”从“言辞会引起非法行为这一点”又向前推进了一大步。然而，这并非是完整的故事(且不说“非法行为”这个模糊词组)。我建议要认真考虑雅典人在与斯巴达长达二十七年战争之间和之后的经验。这场战争得到了雅典所有人的明确认同，他们认为对其至关重要的利益面临着危机。

必须指出，战争把自由与安全之间的紧张状态置于最严格的考验之中。美国在1798年通过“外侨和叛乱法”*之后，对官员和法律予以批评可能被视为煽动言论而受惩罚的原则，直到1917年才被重新采用。当时的气氛突然变得如此紧张，以至于一位联邦
法官断定：“不允许任何人故意和无意地做一些事，即不允许以任 115
何方式妨害美国正在进行的努力，或拖延我军将赢得胜利的那一刻尽早到来。”[6] 今天，所有法庭都在重复做这样的事，政治家和社论的作者定期在做这样的事，而且大量民意则对此持赞同态度。

* “外侨和叛乱法”(Alien and Sedition Acts)是1798年美国国会通过的四部法律的统称。1798年，美国联邦党人赢得了国会的大多数，进而控制了国会。为了打击同情和支持法国大革命的民主共和党人，压制他们对敌视法国的亚当斯政府的批评，这届国会一上台，便迫不及待地通过了《归化法》《客籍法》《敌对外侨法》和《惩治叛乱法》四项法律，统称为“外侨和叛乱法”。《归化法》将外侨取得美国公民资格所需要的在美国居住的时间由五年提高到十四年；《客籍法》授权总统在两年内可以将他认为可能危害美国和平与安全，或阴谋反对美国政府的外侨驱逐出境；《敌对外侨法》授权总统可以在战时监禁或驱逐敌国侨民；《惩治叛乱法》规定，任何阴谋反对联邦法律实施，煽动叛乱，发表反对、丑化、中伤美国总统和国会言论和文字者，将被处以最高为5000美元罚款，最多为五年的监禁。——译者

在伯罗奔尼撒战争期间，雅典公众做出了怎样的反应呢？在回答这个问题之前，必须厘清某些一般性的差别。首先，美国宪法第一修正案中的两个公开禁止——“国会不应立法确立一种宗教……或者不应制定剥夺言论自由的法律”——对雅典人来说是不可理解的，或者如果雅典人能够理解，那也是与雅典不相容的。

希腊宗教完全与家庭和国家交织在一起。政府活动及开支的主要部分都奉献给了宗教，从神庙的建设和大小节庆的组织，到宗教节日的筹备和献祭以及其他伴随所有公共活动、军事或民事活动的仪式。希腊宗教是多神教，到公元前5世纪已经非常复杂，有为数众多的神灵和英雄，之间存在大量相互交叉的职能和作用，有些神是从其他文化传过来的，几乎没有我们可称之为教义的东西，
116 而主要是仪式和神话。结果，如果说希腊宗教具有多神教的一般特征——宽容，一种赋予个人宗教选择更多余地的适应性，那么它就会把亵渎神灵的行为看作是很严肃的事情，是一种公共冒犯行为，一种反共同体的冒犯，而这个共同体可能是神灵眷顾的。因此惩罚不会由神灵来执行，而是由国家代为执行。▲

至于言论自由，尽管雅典人非常珍惜并实践了它，但他们允许公民大会干预这一自由。对于国家权力在理论上并无限制。倘若因公民大会认为有效的任何理由而适当地通过了决议，那么没有任何行动、任何范围内的人类行为是国家不能合法干预的。自由意味着法治和参与决策过程，而非拥有不可剥夺的权利。雅典国家经常制定剥夺言论自由的法律（我们将简单地考察其中一个法



▲ 或许可以补充一点，即宗教创造的既非和平主义者，也非有意识的反对者。

律)。如果他们并不更频繁地这样做,那是因为他们不选择这样做,或者不想这样做,并非是因为他们承认超出国家权限之外的权利或私人领域。

还必须考虑到雅典的法庭体系。这一体系并不被看作是政府的一个独立部门,而被看作是以不同规模行事的人群,他们来自立 117
法群体,因而通过互不相同却彼此相当的机构展开活动,我们传统上并不是十分贴切地称之为"陪审团"(穆勒适当地避开这个词,而用原生的希腊词"dicasteries")。法庭审理程序基本上是非专业的,这即是说,尽管有程序法则,如同有实体法一样,但主持人却是每年抽签选出的城邦官员之一;诉讼双方需自己陈述,始终是口头陈述,即使书面证据也要读出来才算作证据,尽管他们在准备案件时能够获得有经验的辩护人的帮助。然后陪审团进行裁定,通常要开庭一个白天,在众目睽睽下举行匿名投票,以大多数票做出决定,无须讨论。公共案件和私人案件的程序基本相同。例如,没有专门的政府机关负责指控一个人的亵渎行为,这是任何一位选择这种职责的公民的义务,之后他确实提出指控,就好像他在提起一项有关契约的私人诉讼一样。

在某些重大公共案件中,公民大会本身就是法庭,但通常会招来大陪审团,这是从 6,000 个志愿者组成的永久性陪审员中抽签选拔的(对苏格拉底的审判有 501 名陪审员)。尽管我们不能说陪
审团是公民集体十分随意的一个例子——可能有数量不成比例的 118
城市居民、老年人和穷困潦倒者,他们需要微薄的一点津贴,尽管它远远低于最少的日酬金——但无论如何,有一点可以理解,即雅典人把从 6,000 人抽签选出的大陪审团看作是总数为 35,000 或

40,000名公民的全权代表,如同“人民”(*demos*)本身在行事一样。违法法案指控的逻辑正是在这里,在于这样的理念,即“人民”根据这个程序在对一项提案进行二次审议,而不是政府的一个分支部门——司法部门在审议另一个立法分支机构的活动。[7]

这也与我们的法庭观念存在着颇为深刻的差别。作为“人民”缩影的陪审团的作用意味着一种政治意识,意味着在做出一次判决时与之相应的维度,这是我们难以想象的。当苏格拉底在公元前399年接受审判时,恐怕找不到501位对他及他的活动并不知晓多少的公民,或者找不到501位并不认为自己了解苏格拉底及其行为的公民,他们对他无论如何没有什么意见,但对其中任何人来说,指望会出现无动于衷的冷漠和不偏不倚的宽容是不可能的。在评判法律和证据时,公民的责任心和无偏见的诚实是人们所希望的,而且当雅典公民坐在陪审法庭上时,就像坐在公民大会或议



119 事会中那样,每个雅典公民都被假定具有这些品质。

这些前提情况得到澄清之后,我们准备考察伯罗奔尼撒战争中的雅典,而且我的头一个个案研究是对一个人的研究,即剧作家阿里斯托芬。他是喜剧诗人,作为喜剧作家的职业生涯始于早年,或许是18岁时,即公元前431年战争爆发之后的几年里,中间驻笔一段时间之后继续写作喜剧,至少持续到公元前386年。他的前十部喜剧有七部看来都涉及了战争,有时把战争几乎作为唯一的主题。没有读过阿里斯托芬作品的人难以理解这些作品的腔调。他是吵吵嚷嚷的、粗暴的、污秽的、猥亵的、嘲弄人的,同时具有无尽的虚构才能,是一个天才,能够从伯里克利以来的公共人物和普通雅典人的人品性格中、从战争的动机和行为,甚至从人们耳

熟能详的神话和宗教仪式中，发现幽默诙谐之处。

第一部幸存下来的戏剧《阿卡奈人》(*Acharnians*)于公元前425年写就。它把战争作为唯一的主题，而且在最后的场景中，剧中主人公——那位老农，在一次毫无意义的骚乱中与敌人单独媾和。这出剧并不是没有苦涩之处。当阿里斯托芬选择其他主题时，它们本质上同样是公共主题。之后他于公元前411年在《吕西斯特拉塔》(*Lysistrata*)一剧中，重新回到战争主题。对雅典而言，这是一个糟糕透顶的时期：西西里远征在两年之前以一场巨大的灾难结束了，发生了政治动乱，赢得战争的希望现在看起来要完全 120
依赖于希腊的传统敌人——波斯的财政支持。因此，在这个剧本中，阿里斯托芬把希腊人的妻子们置于一位雅典妇女吕西斯特拉塔的领导下，密谋通过拒绝与她们的丈夫发生性关系而迫使缔和。在一定程度上，这部喜剧满是色情笑话，但恰恰是在这种表象后面有着一个严肃的主题，在两段(第1120—1135行，第1247—1272行)戏文中足够清晰地表达出来，这就是如果战争延长，唯一的胜利者便是波斯人。[8]

通常人们给这些喜剧简单地贴上反战剧的标签，这是对情势的误读。确定大剧作家对于他所处时代社会和政治问题的观点，从来就不是容易的事情。现代学者在评判阿里斯托芬方面的分歧，十分清楚地说明了这一点。[9] 但人们也能看到，雅典的领导人似乎感到不应允许阿里斯托芬“正在尽力延缓一个时刻——我们军队的胜利将成为现实的那一天——的过早来临”。后一句是我先前引用的美国法官对1917年的一个案例做出决定时说的话。

在雅典，克里昂的确是伯利克里死后最有影响的政治家。公

元前426年,克里昂对仍然很年轻且不是很有名气的这位诗人提
121 起诉讼,针对的是诗人的第二部剧本。克里昂失败了,而阿里斯托芬在他接下来的一些剧本中用某些最具侮辱性的嘲笑回报克里昂。在雅典,战争是大众化的事情,也就是说,胜利是这个共同体所有成员的最高目标,不仅在冲突的早期即对雅典充满希望的时期,而且即使在西西里灾难之后都是如此。推论就是:除了克里昂或假定还有其他人,大多数人没有感到阿里斯托芬对有关问题和个人品性的嘲笑自由对战争努力造成了伤害。

这种公众的判断在历史上非同寻常,当我们考虑到剧本产生的地点和方法时,这种判断就变得独一无二了。当时私人剧院还完全不被知晓。无论是喜剧还是悲剧都在雅典卫城山坡上的露天剧场里竞相演出,一年里只有一次或两次在国家主持的重大宗教节日上公演。挑选剧本由每年抽签选出的官员之一——执政官负责,费用由富人通过公共捐献来承担。因此,每次演出都是一场重要的公民盛会,由国家发起,受神祇狄奥尼修斯的保佑,并有上万人出席。



在我们的经验中,没有什么可以(与雅典的)相比,而且很多突出的特征都在我的学术讨论之外,例如不虔诚(对于我们来说)在一个庄严的宗教庆典中不仅被允许,还被期望。我直接关注的是
122 在一次国家节日里,那场战争被以粗俗的方式加以嘲笑,而且不止一次,而是反复多次。不只阿里斯托芬,其他喜剧作家同他一道为了获奖而进行竞争。虽然没有人在接二连三地接触这种腔调和主题时会感到惊奇,但阿里斯托芬却作为一个竞争者年复一年地当选,似乎是被邀请而来,以便对人民和他们最重要的利益开年度的

玩笑。就我所知，这种现象没有什么可比性。1967 年，那是个非战争年，国家大剧院董事会禁止霍赫胡特(Hochhuth)* 的一个剧本上演。董事们受到自由党前领导人乔·格雷蒙德先生的辩护，他说："国家大剧院是国家的一个机构。任何国家的主要职能之一都是阻止不守成规的行为。"[10]

我的第二个平行展开的案例研究似乎选择了相反的方向。在一个名叫狄奥裴泰斯(Diopeithes)的职业预言家的鼓动下，公民大会通过了一项法律，规定教授天文学或否认超自然的存在是一种重要罪行。[11]法律的准确用词和采用的时间以及随后的实施细节都不能确定。它的通过时间大概是在公元前 432 年和公元前 430 年或前 429 年之间，即要么恰恰在战争开始之前，要么在战争爆发后不久，阿里斯托芬正是在同一时间开始从事戏剧创作。

第一个受害者是杰出的数学家和哲学家——克拉佐迈奈的阿 123
纳克萨哥拉斯(Anaxagoras of Clazomenae)，他不是雅典公民，他离开城市，躲过了惩罚。阿纳克萨哥拉斯授课时说：太阳不是神，与月亮和恒星相像，都是炽热的石头。这解释了天文学与否认超自然存在之间的关系是如何植入正统思想之中的。他也是伯里克利的一个密友，这引起一些历史学家推测在狄奥裴泰斯身后站立着伯里克利的政敌，通过抨击他的朋友来迂回攻击这位坚定的领导人。但我认为这是以现代理性主义的术语对古代恐惧超自然力

* 罗尔夫·霍赫胡特(Rolf Hochhuth，1931—　)，德国著名的作家和剧作家。其剧作《代理人》(*The Deputy*)(1963 年)讽刺了第二次世界大战时期十二世教宗未曾采取或倡导勇敢措施对抗希特勒对犹太人的屠杀。此剧一上演，便在世界范围内引起了强烈反响和热烈讨论。——译者

量的误判。一个更诱人的假设是瘟疫在战争早些年突然降临，在四年时间里夺走了三分之一公民的生命之后，这项法律得以通过。[12]即使在今天世界的其他很多地方，也没有什么像瘟疫和地震那样引起大众的恐惧，或者激起如此盲目而激烈的回应。

无论与这些细节有关的事实是什么，这个不幸故事的大概轮廓是足够清晰的。渎圣罪和亵渎神明罪是古老的罪责，但是现在，在整整一代人的时间——公元前399年对苏格拉底的审判是最后一幕——人们不是因为公然不敬神的行为，而是因为他们的思想，因为他们所做的陈述，甚至没有伴随任何干扰秩序井然的宗教活
124 动的行为，便受到指控和惩罚。根据一个不是很可靠的后来传说，有几个可能的受害者，无一例外都是著名的知识分子。这也许是意外事件，即仅有几个更著名的名字被记录了下来。但我对此有所怀疑。整个故事具有攻击部分知识分子的气氛，当时他们质疑并经常挑战在宗教、伦理和政治领域根深蒂固的传统信仰，而这正好是在战时。阿里斯托芬的一部剧——《云》(*Clouds*)——加入到了这种攻击当中。剧作家把言论自由发挥到一个领域的极限，因而助长了在另一个领域中去损害同样的自由。

随后在公元前415年的一个早晨，恰是庞大的舰队即将启航征伐西西里之前，雅典人醒来后获悉，城市很多地区的圣像遭到毁坏。[13]每一座神像，除了上面雕刻的一个头像和一根勃起的阴茎，整体是光滑的，具有驱邪功能，使邪魔不敢靠近。在城门旁、街道拐角、公共建筑和私人房屋的前面有大量圣像。正好是在公元前415年那一夜发生的事情，那天上午被公民的喧嚷和随之而来的对破坏圣像者的搜捕行动所淹没。这个行动是精心策划的恶作

剧，或者是一种故意毁坏文物的普通行为。很多人为了不可告人的目的处心积虑地编造丑闻，当我读到保存下来的证据时，我发现此次运动的组织者出自雅典上等阶级的聚餐会，他们受到自己门客和奴隶的鼓动，这是我在先前一章曾提到的、有教养的较富裕公 125
民"极端主义"的一个很好例子。

可能有人会推测却无法证明，他们的目的是阻止或至少是干扰即将到来的西西里远征。这一严重的渎神罪的首要受害者是亚西比德。他是指挥远征的三位将军之一，是远征最坚决的拥护者。当他被召回接受不敬神的审判时，他刚刚抵达那个岛屿。民众高涨的情绪可以理解：如此大规模的渎神行为很少见，也很危险。在战时，对于这座城市来说，后果有可能是彻头彻尾的灾难，如果神祇想要凶狠报复的话（据说他们是有能力这样做的）。人们迅速采取了行动：调查和审判在伴随着爱国热情的宗教恐惧气氛中展开。很多人或者逃跑，或者被处死，财产被没收，[14] 无疑有些人成了私人报复行为的牺牲者，这种形势不利于平静的司法审判程序。几乎二十年以后，人们还能感到此次事件的影响。

阴谋家显然在制造大规模骚乱方面取得了成功，但如果蓄意破坏远征是他们的目的，那么他们并未取得成功（除非能够证明亚西比德缺席战场是决定远征成败的因素）。可以理解，亚西比德并 126
没有返回雅典接受审判；但不大容易理解的是，他竟然放着那么多地方不去，偏偏逃到了斯巴达。在那里他最初受到怀疑，直到后来他说服斯巴达人相信他不是雅典的秘密代表，而是一个雅典爱国者，他的国家背弃了他。然后，他似乎作为顾问服务于斯巴达大约两年或三年时间，直到他不得不再次逃亡。这一次没有多么严重

的原因，只是被指控与斯巴达双国王之一的妻子通奸。接下来他的避难所是在波斯管辖境内——要记住，波斯当时并非敌国——公元前411年他从那里被召回再次掌管雅典军事。在那一年特定的形势下，对他的渎神罪缺席审判以及同斯巴达有关的叛国关系没有妨碍对他的任命。

当时出现了这样一些特定形势。远征西西里的雅典陆军和海军实际上全军覆没，结果在国内出现用寡头制替代民主制的精心策划的阴谋。领导人是共同体中颇有能力与声望的人，他们通过恐怖主义加蛊惑宣传而非在原则上公开攻击民主制（这不会有什么效果），借助一种复杂的爱国主义论点，实现了自己的目的。他们四处宣扬，赢得战争胜利的唯一方法是从波斯获取大笔财政支
127 持，而波斯国王要求，作为他给予援助的条件，就是要雅典人召回亚西比德担任最高统帅和实行寡头制。阴谋者处于有利地位。当时舰队没有在雅典，而是驻扎在距土耳其沿岸有段距离的萨摩斯岛，所以数千名不受他们宣传影响的公民不能出席公民大会。

因此在公元前411年，公民大会投票表决废除民主制，并选举四百人临时议事会掌权，为新的政府组成做准备。几个月内真相大白，政变领导人准备向斯巴达打开城门，结束战争，作为斯巴达的傀儡，以保住自己在雅典的政权。即使没多少激情的民主派也不准备接受这一点。经过短暂的巷战之后，阴谋集团被推翻。亚西比德没有加入这个阴谋小集团，他被授予军事指挥权，民主政制得以恢复，战争继续进行，有段时间战况还不错。

我并不关心亚西比德的晚年和可怜的结局，我关心的是那些重新掌权的雅典平民（*demos*）的行为。他们表现出显而易见的宽

容，并未根据极为有效的法律提起公诉，该法律认为试图推翻民主制是一种重大罪行。他们满足于以叛国罪惩罚极少数人，这些人
被判企图把城邦出卖给斯巴达。几年以后，他们为自己的宽容付 128
出了沉重代价。斯巴达最终于公元前 404 年赢得战争，把一个军事集团强加于雅典，这些人因为残忍而被称作“三十僭主”。除了其他行动之外，他们杀害了大约 1，500 名雅典人，其中的关键人物包括一些主持过公元前 411 年政变的人。

甚至自由主义者约翰·斯图亚特·穆勒也充分认识到这一点。在评价乔治·格罗特（George Grote）的《希腊史》相关卷时，穆勒写道：“我们听了太多的有关许多雅典人易怒和多疑的指责，当我们反思他们让那些一旦有机会就准备颠覆民主的人生活在他们中间的时候，他们该受谴责的毋宁说是过分宽松和过度的温和自信。”[15]

“三十僭主”并没有维持很长时间。一场短暂的内战之后，民主派推翻了他们，但他们又一次仅仅惩罚了很少一部分人，然后便宣布大赦。[16]大赦似乎广受赞誉，但这并不能帮助苏格拉底。对他的审判是我最后的个案研究。[17]在公众看来，三十僭主中的几个人是与苏格拉底结合在一起的一帮知识分子，但苏格拉底并未在公元前 399 年的政治指控中受到审判，因此他不能请求此次大赦。

在开始审理程序时，向 501 人的陪审团宣读起诉书，内容如
下：“这份起诉书和证人证言是皮托斯德莫的迈莱托斯（Meletus） 129
之子迈莱托斯誓言控告阿洛派凯‘德莫’的索弗罗尼斯库斯（Sophroniscus）之子苏格拉底的。苏格拉底被控不相信城市信仰的众神，而引进其他新神。他还犯有腐蚀青年人的罪责。建议处

以死刑。”[18]

流传到我们手里的这些话语可能缺乏法律上的准确和讲究，但毫无疑问，这一指控基本是指对神的不敬，它依据的是狄奥裴泰斯法，迄今该法已有一代人的历史了。提出指控的那个人是迈莱托斯，正像我已经解释过的，他以个人名义提起诉讼。但不幸的是，我们不是十分了解他，无法帮助我们评估当时的形势。在审理时，他与另外两个人联合起来，一个是吕孔（Lycon），我们同样对他一无所知；另一个是阿奈托斯，一个著名的、尽职尽责的政治人物，有过出人头地的履历和爱国的活动。除了其他事情之外，阿奈托斯还因坚持严格执行大赦而获得良好声誉。他的参与是为了保证对苏格拉底的审判不能简单地归结为政治报复。事实上，政治报复的观点是晚后的看法；关于这个案件的同时代的评论家并没有采用这个观点，无疑是因为他们毫无困难地根据表面现象便接受了有关不敬神的审判一说。

这并不是说之前雅典的政治乱象已经不在很多陪审员的记忆
130 中了。假如说这不是事实，考虑到当时雅典是紧密的共同体以及混乱的程度，那么他们（陪审员）也许是一批很不寻常的人。但苏格拉底不是一个政治革命者，他也不可能被看作一般意义的不敬神者或者亵渎者。对他的审判不同于十五年前的圣像破坏事件，似乎不可能伴随着公民的喧嚷。投票判罪结束：281 票赞成，220 票反对。然而，这是一次有关判罪的投票，我们必须要问：281 名陪审员是怎样发现极为虔敬的苏格拉底犯下不敬神罪的？

我认为关键在于腐蚀年轻人的指控。其意味什么呢？没有任何直接的答案，因为苏格拉底没有留下任何文字著作。我们必须从他的朋友和学生——主要是柏拉图和色诺芬——的作品中推断，即使他们关于审判苏格拉底的记载也并不一致。不管怎样，相当准确地描述腐蚀年轻人指控的背景和勾勒出民众心理的轮廓，还是有可能的。

在他们的《申辩篇》（或多或少是后一代人撰写的有关苏格拉底辩解的虚构之作）中，柏拉图和色诺芬都强调了苏格拉底作为教师的作用。在色诺芬的《申辩篇》中，有一个戏剧性的情节，当时苏格拉底转向法庭上的迈莱托斯，向他挑战：把我腐蚀的那位从敬神 131
变为不敬神的人指出来。迈莱托斯答道：我能够说出那些人的名字，你劝说他们遵从你的权威而不是他们父母的权威。苏格拉底说：是的，但在教育这件事上，一个人应该依赖于专家，而非族人。当需要一位医生或一位将军时，一个人应当找谁呢？是找他的父母和兄弟，还是在学识上最符合条件的人呢？

这种意见的交流尽管可能是虚构，表面上看也可能是拙朴的，但它击中了问题的要害。半个世纪之前，希腊学校教育还严格地局限于简单的基本原则、阅读、书写和算术。除此之外，仅有音乐、算术、马术和军事操练方面具有正式指导。伯里克利和索福克勒斯时代的人，通过在一个积极的共同体的生活中学习其他知识：围在餐桌旁，在宗教节庆期间的剧院里，在城镇广场上，在公民大会的会议上，简言之，向父母和长者学习，恰如色诺芬笔下的迈莱托斯所坚持的，他们应当准确地效仿。

之后，大约公元前 5 世纪中叶，希腊发生了一场教育革命，雅典是这场革命的中心。职业教师出现了，人称智者，他们为那些有闲学习并打算支付大笔费用的年轻人和较富有公民之子提供修辞

132 学、哲学和政治学的指导，其中一些富有公民之子最终成了公元前411年寡头政变小集团和公元前404年三十僭主的积极成员。并非所有的智者都是反民主制的或者分享共同的政治观——正像我们看到的，普罗塔哥拉斯便提出了一种民主理论——但他们分享共同的问询方法，这在一些追随者那里形成了一种令人惊异的新态度。他们认为所有的信仰和制度必须经过理性的分析，而且当必要时，它们必须被修正或者摒弃。仅仅尊重传统是不够的：伦理道德、传统、信仰和传说不再自动地和一成不变地代代传递，它们不得不证明自己经得起理性的考验。

这样的教学不可避免地在很多地区遭到厌恶和怀疑。一种不可知论作为对此的反应发展起来。在柏拉图的对话体著述之一——《美诺篇》(*Meno*)中，他把苏格拉底最重要的指控者阿奈托斯看作盲目的保守主义和传统主义的代言人，从而讥讽了这种态度。柏拉图借阿奈托斯之口说(92a—b)："不是智者疯了，而是那些支付金钱的年轻人和那些对他们负责的人——他们使年轻人落入智者的手中——更糟糕。其中最糟糕的是允许他们居住而不是驱逐他们的那些城邦。"

柏拉图的冷嘲热讽是尖刻的。虽然没有充分根据把这些话看
133 作是对阿奈托斯观点的忠实陈述，但确实有一些雅典人在思考和谈论这类事情。瘟疫、寡头政变、圣像破坏，这一切都是源于这些新知识分子和他们的富有学生，他们在思想上与公民集体中的大多数人分道扬镳了，这是以前从未有过的事情，这些人毫不犹豫地推倒传统的价值观、传统道德和宗教。不驱逐他们简直太愚蠢：当雅典已经麻烦缠身时，这根本不是抽象的原则问题，而是对雅典货

真价实的危害。

在阿里斯托芬的《云》中，苏格拉底的思维商店（Thinking Shop）在一个典型狂乱的阿里斯托芬式结局中被烧掉了。这出剧对苏格拉底的很多描绘都是杜撰的，是一种类似阿纳克萨哥拉斯这样的科学家-哲学家、智者以及喜剧创作家的混合体。柏拉图愤怒地对此加以否认，我们也试图加以区分。然而，不可知论者却把它们当作毫不相干的细微末节而视而不见：大家都是年轻人的腐蚀者，如果一个人用他的天文学而另一个人用他的伦理学来进行腐蚀，或者如果苏格拉底拒收学费而智者索要高学费，那又有什么分别呢？阿里斯托芬确实在写当时流行的主题。虽然他没有发明这些主题，但他把它们强化了。就苏格拉底最后被审判和处决而言，我认为追溯稍远的话，柏拉图把某些责任归结于阿里斯托芬是正确的。

无论如何，苏格拉底之死与《云》的时间相隔二十四年，问题却 134
始终存在。为什么苏格拉底晚至公元前399年才被审判？柏拉图和色诺芬都暗喻答案在于个人，阿奈托斯、迈莱托斯和吕孔由于我们只能猜测的个人原因勾结在一起。毕竟，个人的恩怨已成为不止一次历史性审判的根源。然而，有罪判决是另外一回事：一旦提起控告，我尝试描述的长远复杂的背景就会绝对不利于苏格拉底。显而易见，当时并不存在要把他处死的强烈渴望。柏拉图清晰地说明曾给予这位老人流放的机会，但遭到他的拒绝，他宁愿选择死罪。到那时为止，险恶气氛明显有所好转，所以柏拉图能够很快在雅典建起自己的学校——柏拉图学园，他在那里不受干扰地讲学达整整一代人时间。我几乎无须说柏拉图教学的内容，它们是与传统的雅典信仰和价值观尖锐敌对的。那是对整个悲剧故事的绝

妙讽刺。

我们还没有结束这种具有讽刺意味的事。对于柏拉图来说，对苏格拉底的遣责象征任何开放社会或自由社会的恶，并非仅是民主社会的恶。柏拉图确信存在着绝对事物，国家有义务培养道
135 德完美的公民，他一生持之以恒地反对开放的社会。在他的最后一部、也是篇幅最长的著作《法律篇》(*Laws*)中——这是在苏格拉底去世几近半个世纪后写成的——他建议对一再不敬神的人处以死刑(907d—909d)。于是才有卡尔·波普尔爵士的经典评论："柏拉图背叛了苏格拉底。"[19]

那些不接受柏拉图的形而上学的人，无权机械地模仿柏拉图对雅典的判断，即一者为另一者所必需。从比较不那么绝对主义的角度来看，战时雅典的自由问题是极端复杂的，远非苏格拉底和阿里斯托芬所能体现出来的。雅典人没有找到完善的解决方案。正如我前面说过的，指望他们找到解决方案，就等于用没有任何其他社会曾达到的标准来评判他们，说得委婉一点，那是一个无所助益的程序。我愿意再说一遍，它无助于在一个小型的、面对面的共同体内对我们的问题找出直接的答案，而这个共同体是建立在由非公民和奴隶构成的庞大的非特权的基础之上的。另一方面，就广义而言，雅典人的问题始终是我们的问题。

某些区别可以从雅典人的经验中合情合理地推导出来。在狭义理解的政治领域，包括战争政策，不仅在伯罗奔尼撒战争早期，而且即使在战争最后十年，战况已很不利的情况下，表达的维度也是十分宽泛的。雅典公民并不惧怕政治批评，因为他们对自己、对
136 自己的政治经验、判断和自律以及他们的政治领袖拥有自信，我已

考察过的某些限制性措施对这种自信加以保护。他们首先在宗教和道德领域失去了自制，但即使在那里，人们仍可看到一些重要的区别。公众的反应至少部分依赖于表达的场合和方式。阿里斯托芬和其他喜剧诗人都在用一种方式随心所欲地无理取笑神祇，而这种方式若是出自哲学家和智者之口，可能导致不敬神的指控。

我觉得从如下事实中可以找到解释，即阿里斯托芬是在宗教节庆集会上开的玩笑（如同中世纪圣迹剧中的粗俗笑话）。在节庆时，雅典共同体欢庆它的神祇，而哲学家们则在这一共同体的结构内既不会开玩笑也不会发挥什么作用，他们正在抨击这个共同体，或者很多人在这样思考。当阿里斯托芬的《和平》（*Peace*）一剧中的主角选择一个大金龟子作为他到神灵住所的交通工具时，甚至连众神也开怀大笑了。但是，当阿纳克萨哥拉斯讲授太阳仅仅是一个遥远的、烧红的石头时，却没有任何人发笑，它不被看作是笑话。

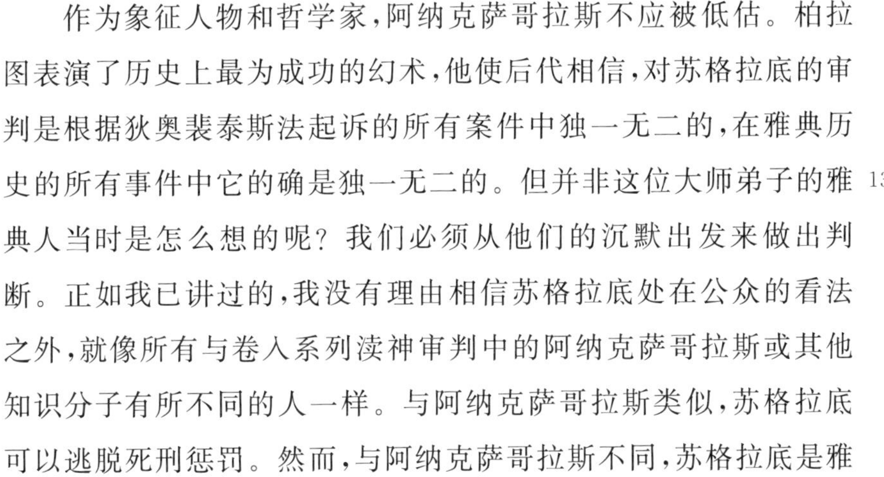

作为象征人物和哲学家，阿纳克萨哥拉斯不应被低估。柏拉图表演了历史上最为成功的幻术，他使后代相信，对苏格拉底的审判是根据狄奥裴泰斯法起诉的所有案件中独一无二的，在雅典历史的所有事件中它的确是独一无二的。但并非这位大师弟子的雅 137
典人当时是怎么想的呢？我们必须从他们的沉默出发来做出判断。正如我已讲过的，我没有理由相信苏格拉底处在公众的看法之外，就像所有与卷入系列渎神审判中的阿纳克萨哥拉斯或其他知识分子有所不同的人一样。与阿纳克萨哥拉斯类似，苏格拉底可以逃脱死刑惩罚。然而，与阿纳克萨哥拉斯不同，苏格拉底是雅

典公民，放逐对他具有不同的意义。阿纳克萨哥拉斯可以退居他的故土小亚细亚的兰普萨库斯，在那里受到盛情接待。这就产生了一个难题。伯罗奔尼撒战争的那代人目睹了对知识分子及其自由的攻击，而这种攻击只限于希腊世界无可比拟的文化中心——雅典。我们该怎样解释这种矛盾现象呢？

在现代评论家当中，最受欢迎的解释是把责任归结于那些没有教养、缺乏理智、不能履行职责却被赋予了权力的人民，意即*demos*（平民）。这些人是蛊惑民心的政客的牺牲者。这一观点基于什么证据呢？古代权威作家并不持这种观点，我不知道是否有这样的作家。平民在公民大会上通过了狄奥裴泰斯法，这当然是
138 事实。同样真实的是，平民在法庭中对于判决也投了不少票，但提案权在哪里呢？在苏格拉底案件中，阿里斯托芬和阿奈托斯的作用表明，提案权至少主要来自雅典知识分子和政治精英的圈子，以及来自较低下的阶级，或许更多地来自精英。如果这是事实的话，那么当时对阿纳克萨哥拉斯的审判到审判苏格拉底这一系列的审判，既是对民主领袖的谴责，也是对其追随者的谴责。这种结论对我们毫无用处，因为独裁政权和寡头政权在整个历史上也对思想不大容忍。

我认为在这场讨论中，历史学家太注重形式，而对实质内容没有给予充分注意。在不容忍的背后总是存在着恐惧，无论压制思想的是什么政体，都是如此。在公元前5世纪最后三十多年，有相当多的雅典人被判有罪并受到惩罚。雅典人在害怕什么呢？在我看来，答案似乎是惧怕丧失在半个世纪的时间里建立起来的一种生活方式，其基础是帝国和民主制。这是一种物质繁荣（按古希腊

术语而言)、在心理和文化上令人满意、可以说是自我满足的生活方式,是在一场旷日持久的艰苦战争中得到检验并受到威胁的生活方式,也是一种需要神灵眷顾或至少是中立的生活方式。

在战争前线,雅典人的士气始终高涨;在政治前线,如同我们 139
在政治言论自由方面所看到的那样,同样士气高涨。在这些领域我们只看到了微不足道的些许恐惧。在狄奥裴泰斯法中反映出这种恐惧,随之发生的审判从表面价值看,必须被看作是惧怕共同体的道德和宗教结构会因腐蚀青年,尤其是腐蚀社会精英中的青年而遭到破坏。

事实上,斗争在一个小圈子里进行,共同体内的领导人传统上是从这个圈子里产生的。年轻的贵族组织了一个俱乐部,人称*Kakodaimonistai*(恶魔崇拜者),其纲领是嘲弄盲目迷信,在不幸的日子里通过聚餐引起神灵的注意。正是上流阶级的成员才是圣像破坏运动的鼓动者,只有他们能够为高等级的教育支付智者学派索要的学费。在《申辩篇》(23c)中,柏拉图让苏格拉底承认他们都是他的年轻追随者。公元前411年的寡头集团政变和之后三十僭主的统治策划者都是由这批人中产生的。我们对这样一次剧烈的反动真能感到惊奇吗?虽然我们可以不赞同这种反动所采取的方式。

雅典人丧失了战争和帝国,但恢复了民主制,并在几年内恢复
了自信。于是恐惧消失了。公元前4世纪的雅典缺乏前一个世纪 140
的繁荣,喜剧仍然是一种象征。剧作家不再围绕当时的重大政治问题或主要公众人物建构他们的剧本,相反,他们转向金钱和家庭生活之类较为低调的主题。但政治辩论仍然公开激烈,民主作为

一种制度并未受到挑战，尽管哲学家自由地谴责民主体制，讲授各种替代性的政治和伦理思想。当雅典民主被最终摧毁的时候，打击来自超强的外部力量，来自马其顿的腓力和他的儿子亚历山大。

一个真正的政治社会是一个充满风险的社会，在那里讨论和争辩是一种基本技能。不可避免的是，辩论会不时从战术策略转向基本原则，不仅将挑战那些执掌政府权力的人所持的应时政策，而且将挑战根本性的原则，它可是一种激进的挑战。所有这一切不仅是无可避免的，也是合乎一些人期望的。那些更喜欢现状的利益集团也必然会抵制挑战，其手法包括诉诸根深蒂固的传统信仰、神话、价值观，引起（甚至唤起）恐惧。

风险众所周知，渎神审判不过是一种表现形式。“警钟长鸣乃是自由的代价。”但与所有老生常谈一样，这种话无疑并未提供什
141 么实践的指南。警觉是针对谁而言呢？我们已看到，一个答案是以公共的冷漠当作防护手段，依赖于政治家英雄。我已试图证明这是一种借助阉割自由来保护自由的方式，认为更多的希望是回归政府治理的古典理念，在群众教育方面持续努力。错误、悲剧、渎神审判将仍然存在，但也有可能从普遍的疏离向真正意义上的共同体意识的回归。对苏格拉底的定罪并不是有关雅典自由故事的全部。

# 第五章 古典古代的审查制度▲

单词“censorship”的语义学范围在今日变得很狭隘,而且其情 142
感色彩是消极的。这种狭隘性(尽管不是贬义)已经载于《牛津英
语词典》(*Oxford English Dictionary*)中。因而我手头的 1955 年
出版的《简明牛津英语词典》(*Shorter OED*)不得不做出这样的说
明:“审查员的职位或职务,官方的监督。”而在“censor”一词的下
面有四种释义:①罗马监察官,其转义是“对人们群体行为进行监
督的人,如在某些大学中的学监”;②书籍、期刊、剧本等的审查员
等,或者(战时)私人信件的检查员;③“已过时的”含义,即“爱批判
的人,吹毛求疵的人”;④弗洛伊德学说使用的一种含义*。



然而,对于历史学家和社会学家来说,基于若干理由,认为不
应如此处理。也就是说,“censor”和“censorship”的上述定义并不
充分,它没有包含玛丽·怀特霍斯(Mary Whitehouse)(她的说法
绝对没过时)所给的定义,也没有包含人类学家教给我们的所谓
“禁忌”的力量,没有包含为了审查目的而操纵诽谤罪法或亵渎罪 143
法的可能性,还有经济限制的可能性,这些限制可能阻碍书籍、期

---

▲ 本文最初是发表于 1977 年 7 月 29 日《泰晤士报文学增刊》(*Times Literary Supplenent*)上的一篇讲稿,目前的文本是其修订版。

* 即潜意识压抑力。——译者

刊等的出版与发行。这种偏狭的行政管理定义在现代反映了反对国家审查制度的斗争，也反映了该斗争内部与外部发展起来的自由意志理论的意识形态。既便是自由意志论者（与极端主义者并不是一回事）也允许“合法的”审查制度占有一席之地，且没有对国家的审查权提出质疑。

这不仅仅是国家的问题。我不只是考虑了《牛津英语词典》的编辑们几乎没有注意到的宗教团体，这些团体甚至在没有政治权力作为依托时，仍可能并确实随心所欲地经常审查自己的成员；而且我还考虑到了“社会”。社会反复向人们灌输和强加那些无须借助警力的禁忌。人们即使不一定是弗洛伊德主义者，也承认自我审查的存在和必要。它内在于人从婴儿到社会成员的成长过程、教育过程和“文明化”的过程。正如埃德蒙德·利希爵士（Sir Edmund Leach）在剑桥的一次谈话中所说：“一个摆脱了审查的社会环境根本不是一种社会环境，那将会是一场疯癫者的噩梦。”

我不打算对“匪夷所思的想法”进行探询，但在其出现之初加
144 以理解非常重要。对知识的畏惧也是如此。毕竟有关逐出伊甸园和浮士德传说的寓意与象征的解释一脉相承，保存着原初的意念；有些事情最好不去深究或了解。在公元前5世纪的希腊，那是“启蒙”的显赫世纪，品达为了“采摘不成熟的智慧果实”，对哲学家和科学家不屑一顾。正如多德斯（E. R. Dodds）所评述的那样，“观看（阿里斯托芬的）《云》一剧的观众，期待对‘思维商店’的焚毁一事幸灾乐祸，无须关心苏格拉底是否与之一起被烧死。”[1] 今天，“censorship”这个词在知识分子圈里具有贬义，但在知识圈之外却远非贬义，在以前的时代更普遍地少有贬义。人们经常自我审查，

而当他们不能自我审查时，官方或非官方的介入经常会获得广泛的民众支持。

约公元200年，一个小亚细亚的基督徒因写了攻击孟他努主义(Montanism)*的文字而用下面这些话向他的朋友致歉："有人可能认为我希望为《福音书》(*Gospels*)添补或附加某些新东西，然而任何已确定根据《福音书》规划自己生活的人，既不可能增加也不可能从它们当中去掉任何东西。"[2] 当然，这段话写于早期基督教信仰的特定语境中，它可能被认为是非典型的，这并不合理。无 145
论如何，所有社会和思想意识的语境都是特殊的(具体而言)，所以在一个人那里的匪夷所思在另一个人那里则可能是正常的。在罗马皇权政府的最初几十年，仍存在一些颇具影响的、直言不讳的共和派。如果他们恰巧撰写历史，那么他们对于把第一位皇帝奥古斯都推上权力巅峰的内战的评价，必定与帝国"官方的"和"流行的"观点相冲突。

早期皇帝之一克劳狄(Claudius)是博学和学究式的人物，他追求撰写长篇大论的历史，这对作为皇室家族的一个成员的他来说有些怪异。当他把自己局限于只写罗马和埃特鲁里亚的起源时，写冗长的历史乃是一种无害的写作习惯。但是，当时他正在撰写罗马的现代史，从恺撒遇刺写起。他那令人可怖的母亲和祖母便最终说服了他，认为他不应"随心所欲和真实无讳地"描述内战(苏埃托尼乌斯:《克劳狄》，41.4)。于是，他代之以奥古斯都的登基作为所写历史的开端。皇室家庭与早期基督教相比，其语境无

* 基督教在公元头几个世纪出现的异端派别。——译者

疑更缺乏典型性，但这有助于揭示我们所考察的主题缺少共性的事实。

然而，有一个恰当的概括。每一个社会组织都认为自己是合
法的，并且有从外部和内部保卫自己安全的权利；因此，它试图削
146 弱或消除敌对者，或者至少是消除某些敌对形式。公元前5世纪
的雅典人没有像罗马皇帝那样经常处死制度的批评者，但他们有
时对那些批评者实行陶片放逐（从使他们流放的技术意义上来
说），而两种方式都是有效的审查形式。死亡始终是阻止（用《牛津
英语词典》的话）“不道德的、异端的、冒犯或伤害国家的”任何事情
传播的最可靠方式。

如果我们自己世界里的压力在于对审查制度有所考虑的传
媒，那它是反映了相对近代的社会和技术变化。印刷术的发明具
有划时代的历史意义。所有较古老的社会，甚至那些与古典希腊
罗马一样文明的社会，都面对大量与审查制度有关的不同问题。
有一点很重要，也是正确的，即古代所有文字著作都是一种地下出
版物（*samizdat*），并不是因为它们总是甚或通常是违法的，而是因
为它们的发行局限于手抄本，其传播也依靠手传，从一个人传到另
一个人手中。印刷书籍和杂志在出版之前的审查给予作者和出版
者以必然的保护，使其事后相对来说免于惩罚。地下出版物降低
了国家阻止客观物体散播的能力。缺乏现代警察和侦探资源的罗
147 马皇帝不可能找到和毁灭受谴责的作品的所有复本。塔西佗在记
录提比略统治时期另一个历史学家奥路斯·克莱穆提乌斯·科尔
多斯的指控与死亡时，使我们想起了这一点（《编年史》，4.34—
35）。克莱穆提乌斯·科尔多斯仅仅是一位元老，而非皇帝，在他

的著作《历史》中赞扬了布鲁图斯，并称卡西乌斯为“最后一个罗马人”。尽管他的作品不是他遭受指控的唯一原因，但在对他进行裁决时，元老院——请注意是元老院而非皇帝——命令焚烧他的作品。

科尔多斯的《历史》的复本保留下来了，并且很快就被再次发行。塔西佗欢欣鼓舞：“外来统治者和那些实施野蛮统治的统治者所获得的只是他们自己的耻辱和他们的受害者的荣耀。”但是，我们从博学的昆体良（Quintilian，10. 1. 104）那里得知，当克莱穆提乌斯·科尔多斯的女儿在提比略的继承人卡里古拉统治时期开始再次发行《历史》的复本时，她删除了那些曾给她父亲带来死亡的段落。那以后，科尔多斯的著作保留了多长时间，我们不得而知。我们几乎不能确定大批遗失的希腊-罗马著作的任何一部分是如何消失的，但涉及西塞罗之死，仅有一个简短、并无恶意的残篇保留至今，而且还是在笔耕四十年的塞涅卡的一篇引述中，这一事实表明很多作品早就失传了。

我不想对此叙述过多。有人计算了我们知道名字的 800 名拉 148
丁作家的作品，超过三分之一的作家只留下了名字，大概 20%的作家今天至少留有一部完整的作品。[3] 散佚的作品通常不会使人痛心不已；对于社会和个人而言，同样必需的是，有适用于约翰·巴恩斯曾高兴地讲的“结构性遗忘症”的大量空间。[4] 而且，在古代就有大量作品暂时（和永久）散佚的情况。例如，朱维那的讽刺作品在他死后大约消失了二百五十年，而 4 世纪后期使它们重见天日的学者似乎是从罗马一部简单而有缺陷的诗歌复本中提取出来的。塔西佗可能也遭遇过同样的事情。[5]

这些作品中的重要部分无论其文学或文化价值是什么，都是因为皇帝、元老院和其他权威的压力而散佚的吗？我们不能回答这个问题；列举那些我们所知道的曾引起帝国的不满且不管怎样幸存下来的著作——例如奥维德的诗歌——并非一个充分的答案，尽管发生在大量甚至数量惊人的事例的这种情况相当重要。

现在必须介绍两个事实，涉及克莱穆提乌斯·科尔多斯和塔西佗以及帝国早期其他人记录的类似事例。[6] 第一个事实是它们
149 都发生在罗马城的帝国宫廷和元老阶级这样一个小圈子里。第二个事实——尽管它不能被证明，但我认为它是一个事实——是没有任何一个人试图或尽力找出并毁灭任何受谴责之著作的所有现存复本，这既是因为那样做不可能，也是因为那样做没有必要。首先，帝国可能期望人们自愿地服从命令。哈纳克在他对早期基督教作品的幸存与传播的经典记载中，在评价《新约》正经确立之后几乎所有非正经著作的消失时，聪明地评论道："人们不会思考周详的计划，至少除了极罕见的情况，人们不会这样做。这一过程本身必定是通过自我保护的本能和普通常识完成的。"[7] 除此而外，只要攻击性的言辞和理念没有在错误的地点或被错误的人公开炫耀，或者写给有问题的人或受到有问题的人的批评，那么它就真的没什么问题。

在四种类型中，确定什么是错误的，在古代有一段多变复杂的历史。例如，在希腊和罗马，似乎没有对法庭上的诽谤自由（区别于虚假的证据）进行限制，因为任何人都知道谁读了"阿提卡演说
150 家"或西塞罗的演说辞。这种自由是广为接受的惯例，而非法律规定的结果。公元前5世纪雅典的剧场里，也实施同样的惯例——

阿里斯托芬见证了这一切——而且在这种环境下，政治审查的问题出现了，因为每个重要的知名政治人物均遭到这一个或那一个喜剧作家的抨击，至少是嘲笑。雅典国家及其政策都不比个人更具免疫力。就这一点来说，希腊和罗马之间的显明差别是值得注意的；只有一个罗马剧作家曾沉迷于公开政治评论，那就是奈维乌斯(Naevius)，据说他(在一个歪曲的传统中)因为“以希腊方式”(《格利乌斯》，3.3.15)诽谤贵族领袖——或许是梅特路斯(Metelli)——而在公元前3世纪末遭遇了麻烦。

政治小册子的编写，只在古代两个相对短的时期里占有重大比例，即在希腊公元前5世纪末和公元前4世纪早期之间的几十年，罗马共和国的最后几十年与帝国初期。在罗马，很多小册子的编写采取诗歌形式，口头传播，或者采取诽谤言论(*libelli*)的形式——以诽谤性布告或报纸(用我们的话说就是“诽谤性文字”)的形式。这种实践可以在罗马历史上追溯到很久以前，而对诽谤的控诉则是一种反击方式。没有任何方式可以估计诽谤诉讼的次数或威慑效果。但可以肯定的是，在共和国充满仇恨的最后几十年，151
最野蛮的小册子遭遇小册子的最激烈反击，至少是像西塞罗或恺撒所写的那样。然后，皇帝统治来临，从奥古斯都开始，冒犯被看作是叛国罪(*maiestas*)，并根据抨击的目标是皇帝还是皇帝亲信之一予以惩处。在极为短暂的停顿之后，叛国罪的范围广为扩展，超出了诽谤性文字的范畴，涵盖了历史著作和其他严肃作品。

那么，人们完全有理由要问，塞涅卡或塔西佗或苏埃托尼乌斯怎么可能撰写或传播如此多的有关皇帝和廷臣们的邪恶评论和故事。下面简单的回答体现了形势的复杂性：他们被允许甚至被鼓

动去诽谤每个已过世的皇帝，只要他们始终不去诋毁和嘲弄现世皇帝的统治。用这种奇怪的方式，每个继位的统治者借助与他的那些始终令人失望的前辈暗含对比的方式，试图为自己增光添彩。

没有必要对我们主题的这个方面进一步加以探讨，还是回到老话题上来，即政治评论的自由依循政权的性质而表现得多种多样。雅典民主制时期是政治评论最为繁盛的时期，而在僭主统治
152 或专横的希腊化时期以及罗马君主制时期，政治评论或多或少地几近荡然无存。然而，在两个极端之间的程度变化不仅仅是政治体制差异的标记，而且也是基本的社会和社会心理差别的标记。在雅典极为直率地写作戏剧的人，以及在戏剧中扮演角色的人都是公民，通常还是地位高的公民。他们的罗马同行却不是这样。即使奈维乌斯，一个来自卡普亚并获得罗马公民权的“拉丁人”，也不能嘲笑作为“他个人政治活动一部分”的长辈，他“只能用诗歌对雇用他的那些富足且有权势的人背后说些负面的流言蜚语”[8]。地位很低的剧作家甚至都不敢这样做。

如果仅仅因为法庭构成不同，而无其他原因的话，法庭上的诽谤自由在雅典和罗马也不一样。当德摩斯提尼称爱斯奇奈斯(Aeschines)是一个娼妓的儿子，而爱斯奇奈斯反过来称德摩斯提尼为“一个奴隶母亲的儿子”时，他们是在向雅典公民大陪审法庭诉说，这一机构是整个公民集体的一个合理样本，他们是其中的一分子。罗马则与这种情况毫不相干。西塞罗的个人攻击案件或被移交元老院审理，或由元老和骑士等级的成员组成的特殊法庭审理。

在雅典政治词汇中有一个受人欢迎的词是 *parrhesia*（直言），

这是公开谈论有关私人和公共事务的个人想法的自由，而且特别强调公开谈论对公共事务的个人看法，这的确意味着当时只有公 153
民享有的自由。对民主制度的批判，尤其是伊索克拉底和柏拉图对民主制的批评，不出所料，都把民主制的含义转换为“licence”（标签）“irresponsible speech”（不负责任的言辞）的代名词，他们的攻击目标是演讲者的身份和他所讲内容的实质。有学养的罗马人接受了这个词，而且更经常地使用，不只是用它的贬义，还把它译为 *licentia* 或 *comtumacia*。*parrhesia* 这个词没有适当的拉丁文对应词，正如莫米格里亚诺（*Momigliano*）指出的，在罗马，即使在共和时期，“一般认为似乎只有那些权威人士才有权利自由演讲。人们感到言论自由属于 *auctoritas* 范畴，同样也属于 *libertas* 范畴。”[9] 据此可知，罗马元老院是一个公开辩论的平台，但它与雅典的公民大会大相径庭。

我已经讨论了政治和法庭言论问题，因为它有助于我们把注意力从书籍和宣传小册子转移开来，适当地定位古代审查制度问题。在古典古代（事实上在印刷术发明之前的任何地方），书籍流转的数量和读者的数量在职业哲学家和知识分子小圈子之外，是微不足道和没有多大意义的，认识这一点极其重要。即使是职业哲学家和知识分子也要倚重口头交流和记忆，与其他任何人一样。154
就影响或规范舆论而言，书籍和宣传小册子甚至在精英人士圈内也未起到真正的作用。当然，罗马皇帝惩罚了一个敢于冒犯的作家，后者在皇帝的鼻子底下炫耀他的诗文或诽谤言论，这可以说是他们在晚宴聚会上对一个冒犯性的评论予以惩罚。但他们没有尽力去搜寻私人手中的副本，这不仅是因为他们缺少资源，也因为这

无关紧要。没有什么比成功的教会对异端作品持续传播的漠视(尽管偶然有教父或教皇会进行恐吓)更能说明这一点了。

我觉得不可避免的是,今天的我们和历史学家们,以及其他专业的学者也许高估了书面文字。普鲁塔克讲述了(《尼西亚斯传》,29.2)公元前413年在叙拉古被俘的数千雅典人的故事,这个故事起码虚构得颇为巧妙。其中释放了一些人,因为他们能背诵欧里庇得斯的一些合唱唱词。普鲁塔克评论道,因为西西里人“比希腊半岛之外的其他任何希腊人更热爱欧里庇得斯的诗。他们承认自己只能记住由访问者带给他们的零星诗句,然后他们彼此兴高采烈地分享这些句子”。叙拉古绝不是一潭浑浊不清的乡下死水;它
155 的公民与大多数同时代希腊城市的公民一样,也是有文化修养的,相当多的人具有很高文化水平。但是,对于当时处在事业顶峰、受他们偏爱的剧作家的诗文,他们不得不依赖口耳相传。

为了特别指出目前有关古代读写能力的大量讨论中的谬见,我已重复了这个或许不足凭信的故事。读写能力收窄了能够阅读与书写的自由人(或者至少自由男性)的数量或比例。这个误解对我们有关审查制度的理解具有重大影响,因此我将进一步对它加以考察。首先,我们必须拒斥把戏剧作为特例的诱惑,因为即使在我们的世界里,也很少有人阅读剧本。所有的诗歌和事实上所有的纯文学作品都被大声朗读,而且被人们逐段甚至全部(如对《荷马史诗》)记住。否则,它们在极小的精英圈子之外就不会为人所知。这正是为什么我一般要说“作品”,而非“文学”。

不仅仅是纯文学作品被大声朗读。西塞罗告诉我们(《论神性》,1.23.63),当苏格拉底的同代人普罗塔哥拉斯写了一部不可

知论的著作之后，雅典人放逐了他，并在市场（*agora*）上公开焚毁
了他的著作。其他作家复述了这个故事，一些人引入了新情节，即
普罗塔哥拉斯在试图逃跑时淹死了。这个故事高度可疑，柏拉图
根本没听说过它。而且这个故事是可资罗马把焚书实践作为一种
官方惩罚形式的唯一出自古典希腊的参照。这个故事的第欧根 156
尼·拉尔修（9.54）版本听起来更为绘声绘色，即普罗塔哥拉斯大
概是在欧里庇得斯的房子里当众宣读抨击性的作品。即使在当
时，这个故事也始终受到怀疑，但似乎较为可信的一点是对当众高
声朗读的强调。毕竟我们记得当时在雅典毫无疑问被处决的一位
哲学家是苏格拉底，他可从来没有写过一行字。

当我们从高雅文化——诗歌和哲学——转向与普通公民相关的更世俗的事情时，我们发现存在着对读写能力重大意义的类似误判。很多误判是由现代学者做出的，他们在介绍成文法典，介绍民主希腊共同体、尤其是雅典的实践，介绍在石碑上铭刻的法令、契约、荣耀之事和其他公共文献——在人民通常聚集的地方予以展示——时做出的误判。但是，正如哈弗洛克指出的那样："任何人不可能依据铭文而养成大众读写的习惯。"[10]普通雅典人为了阅读公民大会的法令文本或梭伦的法律，并不需要走遍城市。他们获知法令文本和法律的需求是可以充分满足的，这即是说，它们体现了开放的政府反对保密和阴谋诡计的胜利，群众的读写能力与此并无关联。

希腊人有关成文法重大意义的经典陈述出现在欧里庇得斯
《乞怜的妇女》（*Suppliant Women*，第433—437行，弗兰克·琼斯 157
译本）一剧中。提修斯说，一旦成文法存在，那么：

穷途潦倒的人和富有的人
两者有了同样的公平可言。现在
一个富人如若出言不逊,
不会比贫弱者更为有利;
如若穷人在理,那么他也会
打赢同富人的官司。

在希腊,为制定这类法典的斗争发生于公元前 7 世纪至前 6 世纪,在罗马发生于公元前 5 世纪早期。今天哪怕是最热心的民主支持者也不会认为当时读写能力已经普及。贵族把持实现公平正义的手段这一点受到抨击,他们在很大程度上依靠对法律知识的垄断。只要法律未被记录下来,这种垄断就不可能打破。罗马《十二铜表法》就是平民在这场斗争中获得胜利的产物,但正像罗马经常出现的情况一样,平民并没取得彻底胜利,如其中有一条法律便是对于当众唱诽谤歌曲的人处以死刑,[11]这是当时适用于(惩罚)公开批评罗马统治者的平民们的唯一司法程序。

在一个依赖口头交流的社会中,最有效的审查方法除了死刑
158 之外,就是将犯人逐出共同体。后者显然是苏格拉底的指控者的目标,只是因为这位受害者坚持接受死刑才未实现。把人在肉体上与他的观众隔离开来,他体现的危险就被排除了。对广泛流传的作品则要求一种不同的审查方法。柏拉图最具讽刺性的段落之一,就是苏格拉底的指控者阿奈托斯恶毒地抱怨雅典并没把智者从他们当中驱赶出去(《美诺篇》,92b)。但那个建议须是一个现实的建议,讽刺才有效果。我几乎无须提醒,柏拉图不仅没有挑战

雅典国家指控苏格拉底的权利——只否定了指控的真实性——而且他本人在《理想国》第十卷即最后一卷中，为审查制度做出了记录在案的最大限度的论证。尽管他的话语矛头直接指向诗人，但同时代的希腊文化和教育在整体上均受到了谴责。

在我们的头脑中，驱逐与流放主要与政治敌对行为(或某种犯罪行为)联系在一起。在古典古代的条件下，放逐的应用不过是寻常之事。被放逐者的范围从僭主和君主的个人反对者，到内战频仍中的整个人群。我们通常并不把这种放逐称为审查制度。然而我认为这就是一种审查制。特别是在一个靠口头交流的世界里，至少是在那些或多或少实行政治开放的共同体内，也就是说对政策问题进行公开辩论的共同体内，这种放逐确实是一种审查制。159
任何一个身体被驱离的人，除开发动武装起义，便没有机会在他自身的共同体内，在他所关切的地方表达或传递自己的政治观点。而且，正像我们很快看到的情况一样，对哲学家和预言家的驱逐在古典古代通常被认为是正当的，因为他们被指控对公共秩序和公共安全构成了威胁。没有人对信仰自由感兴趣，没有人关心未能表达出来的话语或思想。而且也没有人认真地支持同时代的诡辩论，该理论允许或要求允许煽动性的话语存在，只要它们仅仅是话语而没有转变成行动。

公元前155年，当雅典三所哲学学校的负责人来到罗马，充任该城邦驻罗马的使节团时，吸引了很多人的注意，尤其是年轻人。老加图劝服元老院下令让他们完成官方任务之后立刻离开。三人中的一位，即柏拉图学园的负责人——怀疑论者卡尼德(Carneades，顺便说一下，他是“苏格拉底式的人物”，从未写过一篇哲学论文)，

抓住机会做了两场公开演讲，展示了他的辩证技艺和怀疑论的认识论。其中一次演讲阐明了自然正义(natural justice)的存在，另一次演讲以最娴熟的诡辩传统阐释了对立面。除了他的处理方式
160 令人无法容忍，他还用希腊语演讲，而罗马人是否达到流利听说希腊语的程度值得怀疑的。老加图在元老院说："让他们返回他们的学校，去与希腊的孩子们练习他们的辩证法吧；罗马年轻人应该一如既往地倾听有关法律和执法官的演讲。"(普鲁塔克：《加图》，22.5)

此前六年，有其他一些不明身份的哲学家曾被驱逐出罗马。然而，公元前155年之后，在罗马没有任何有关哲学家遭受迫害的记录，直到早期罗马皇帝统治时期出现了一系列处决与驱逐事件。这主要针对的是斯多葛派学者，其中一些人实际上是以某种我们不甚清楚的方式成为政治上的麻烦。二者之间长达一世纪的空白在多大程度上可归因于史料的残缺不全，我们无法猜测。没有人能够否认我们仅仅知道希腊或罗马历史中的很小一部分事例。有一种说法无疑是言之成理的："公元前155年至公元前28年的记载中缺乏这样的事件，只能喻示那一时期的哲学教师小心翼翼地避免自己引人注目。"[12]在罗马，气氛并未发生变化，这一点被一个类似事件所证实。公元前92年，审查官查封了若干"拉丁文修辞学"学校。苏埃托尼乌斯用下面这几句话引述了审查官的法令：
161 "我们接到报告说，有些人引进了新的教学方式，年轻人正在入学；这些人具有拉丁修辞学者的名号；年轻人整天与他们待在一起，游手好闲。我们的祖辈规定了他们希望自己的孩子学什么和常去哪些学校。这些发明与我们祖辈的习惯和传统背道而驰，使我们不

悦，我们认为它们是错误的。”[13]

对“年轻人”的压力已经出现在公元前155年老加图对雅典哲学家的攻击中，也出现在很久以前对苏格拉底的审判以及对智者的谴责之中，柏拉图把这一切归咎于阿奈托斯。对学习修辞学和哲学感兴趣或装作感兴趣的年轻人，全都是富有的年轻人，来自上层阶级，这是柏拉图在《申辩篇》(23C)通过苏格拉底之口承认了的。

这就把我引导到先前的问题上来，意即相应的问题不仅仅有关提出审查想法所依据的实物、地点和个人，而且还有聆听审查想法的一个或多个人。在苏格拉底时代的雅典，这些富有的年轻人被怀疑卷入了半秘密的反民主俱乐部，在公元前411年和公元前404年制造了两次寡头政变。在共和制的罗马，情况与此明显不同。富有的年轻人是寡头统治者的后代，当时从这一角度看，不可
能察觉对政体或权力中心的任何威胁。有恐惧也是微不足道和含 162
糊不清的，但审查制度，包括自我审查，却更严格和更有效。当西塞罗认为对普罗塔哥拉斯的惩罚是对后代哲学家的一种有效威慑时，他暴露出自己仍是多么地道的罗马人，尽管他具有广博的希腊学识。

还有另一个相关的领域就是宗教。在宗教领域，与危险思想切割开来的观众比满腹哲学家话语的富有年轻人和富有阶级人数更多，更具代表性。然而，在转向这个主题之前，还应该考察我称之为“精英审查制”的两个较为重要的方面。首先是有关“错误地点”的狭义定义：直到晚期罗马帝国，无论是共和制政府还是帝制政府，都愿意把哲学家(以及预言家和占星家)逐出罗马城，或者在

极端情况下，把他们逐出意大利。诚然，在老加图时代，希腊与其说是罗马的一部分，不如说仍是一个卫星国，但是皇帝们在那里奉行同样的政策，尽管当时遭皇帝驱逐的人物在罗马行省能自由开展活动。不过这无关紧要，富有的雅典青年或亚历山大里亚青年仍处在罗马的权力范围之外。其次，特别是在罗马共和国时期，那些被逐“外国人”引人注目的地方与我们的讨论宗旨无关，无论它
163 们作为老加图个人的宣传事例具有怎样的文化含义或便利之处。柏拉图曾离开自己的方式，十分明确地让阿奈托斯说：“最糟糕的是，无论一个外国人还是一位公民在尝试异说的时候，那些城市允许他们居住，并不驱逐他们。”而在罗马皇帝制造的斯多葛学派的牺牲者中间，有出身最好的元老。



我一度把死刑和放逐混合在一起，如同现实中经常发生的那样。但是，当我们从哲学转向宗教和祭仪问题的时候，我必须把它们区别开来。多神教本质上具有广泛的宽容，它不会与一神教面对同样的问题，即排他性、正统和异端问题。在一些边缘领域，二者的差异就变得模糊不清了，尤其是在“外来”崇拜被引入共同体内，人们对其产生的影响感到焦虑的情况下。然而，直到基督教出现，在希腊人或罗马人当中，一般没有任何人因信仰的宗教而遭到惩罚，除非他被指控犯有特殊的渎神罪行。比如精心策划的破坏圣像行为或对宗教仪式恶意嘲笑，几乎就不算是能够引起人们分析或解释的问题。如果我们知道这种行为的频次（我们并不知道），那么我们也许可以获悉关于古代社会颇为有趣的内情，但这些内情可归为禁忌而不会划入审查制度的范畴。有足够的证据表明，当某些行为并不是因为公共要求而产生时，当局对这些行为的

控诉和处罚便会得到公众的广泛赞同。 164

然而，事情并非总是如此简单明了。对渎神惩罚的正当性在于，它要么威胁到了共同体的安全，要么极大地冒犯了公众的感情。当然，那些掌权的人可以决定什么是威胁或冒犯，而统治者和被统治者并不能总是意见一致，就像公元前2世纪初的意大利那样。对希腊酒神巴克斯的神秘崇拜迅速漫延到意大利半岛，该神表现为暴怒的女性特征，以及欣喜若狂的行为特征。其信仰者主要来自较低下的阶级，特别是妇女，但也包括中上等阶级的成员以及奴隶和自由人。罗马统治阶级大为震惊，元老院和执政官不仅在罗马且在整个意大利展开了大规模的清肃活动，镇压这一崇拜，甚至冒着破坏罗马与所谓意大利同盟者之间微妙的平衡关系的危险。我们获悉有几千人被处决。

崇尚传统的罗马人厌恶未经“我们的祖辈”认可的任何事物在此事上显露无遗，这与一个世纪后致使拉丁修辞学校被查封一事类同。但这几乎不能解释这次镇压为何会有如此规模和野蛮性。
对神不敬或较轻微地冒犯罗马神祇的一些形式也不能解释这一 165
点。罗马做出了很大让步，规定如果他们坚持不改，那么个人在向罗马司法官申请并得到元老院的正式允许之后，可以继续这种崇拜，但条件是共同参加仪式活动的不得多于五人。这一限制条件是关键。在李维冗长并看起来似乎巨细无遗的整个记载(《罗马史》，39.8—19)中，充满了对贪求、堕落、造伪和毒杀的控诉——那个时候和2世纪的情况十分相似，没有任何史料可以用来佐证这场镇压运动。然而，恰恰在第一句中，李维使用了“阴谋”(conspiracy)这个词，这个词是他反复使用的，并因此有了五人的限制。李维提到的阴谋是什么呢？执政官在公民大会的一次演讲中说(用李维的话)：“迄今为止，他们不敬神的阴谋只限于私人的不道德行为，因为这种阴谋还没有能力控制共和国。”换言之，当时罗马并没有阴谋，没有对公共安全的威胁，只有一场大规模的、正在逐渐发展的民众活动，但这也是足够严重的了。

由于民众的宗教信仰(众所周知包括预言家和占星术士的活动)，因而，对动乱和骚动的恐惧，无论是真实的还是想象的，成为整个罗马官方敌视民众群体活动的历史基础，这种敌视民众群众
166 活动不同于因特定的不敬神行为对个人实施的惩罚。发起镇压的动力可能来自上层或者下层，这即是说，迫害有可能由恐惧动乱的政府来实行，如我们恰好在巴克斯神崇拜事件中看到的一样；或者可能是由要求镇压的公众骚乱所引发。早期基督教复杂的历史表明了这两种可能性。直到戴西乌斯和戴克里先当政时(3 世纪后半叶)在帝国范围的广泛迫害运动，已被证实的事例都发生在帝国的各个中心，并且往往是由公众对犹太人或异教徒的敌视开其端的。必须注意的是，罗马政府的代表是行省总督，他们把哲学家逐出罗马和意大利的同时，却对其在行省的持续活动漠不关心，这反映出性质有所不同的形势。在公元 64 年大火之后，尼禄对罗马城内基督徒的迫害是一个著名的例外，但并没有推翻那个论点，即尼禄需要一只替罪羊来平息因大火引发的危险的城市动乱。随着戴西乌斯的统治，角色颠倒过来：发起迫害的人是皇帝，在对基督徒实际上并不友善的时期，一般民众对此漠不关心。

与巴克斯教信徒和其他原教信徒类似，基督徒当然不是官方的宗教崇拜群体，但在这种背景下，这并不重要。遍及古典古代，

公共崇拜与私人崇拜共存。关于宗教信仰并无准许制度，无须登记或其他形式的官方许可和控制，除非被指控威胁到公共安全，例 167
如像巴克斯教信徒那样。在罗马，有关占星术的故事提供了一个简明的（亦是我最后一个）研究案例。在每个时期和社会的每个发展阶段，对有关未来的知识加以探索，是古代文化的一个必要组成部分。公权当局向神谕和预言者求教，并为了请教的目的常常任命自己的专职官员。但同时也有为数众多的个人作为占卜师进行私人实践。虽然诸如修昔底德这样的怀疑论者可能对他们嗤之以鼻，但他们广受欢迎，并被国家与社会所接受却是普遍存在的现象。

关于预言家也存在着模棱两可的认识（索福克勒斯的《俄狄浦斯王》一剧中的提瑞西阿斯证明了这一点）。有关将来要发生什么的神秘知识既慰藉人，也具有风险，罗马占星家集中体现了这两个方面。尽管每个罗马皇帝都是此类信徒，但在公元前 44 年和公元 180 年马库斯·奥里略去世之间，可以确认有八位占星术士被逐出罗马（当然，不包括受到优惠待遇的占星术士），也可能还有其他六个人遭到驱逐。[14] 无一例外，古代史料都把这种放逐归因于“骚乱”“反叛”或“阴谋”。再者，我们看来仅有一个类似的逐出首都的例子，但并非十分确定。公元 11 年，整个帝国范围内开始实行一条法律，即禁止占星家“对任何单个人给予预言，或做出有关死亡 168
的预言”（狄奥·卡西乌斯，56.25.5）。无疑，私人借助占卜进行敲诈勒索的行为引起了政府的注意，但这属于较小的关切。在帝国早期恐惧和阴谋的气氛中，问询皇帝去世的日子足以引起一连串的反应。这种禁令很快便扩及对皇室成员健康（*salus*）状况的问询。

这使我们返回前面的问题：在压制思想或写作方面，正规的官方审查制度会有怎样的效果呢？论述罗马占星家的现代重要权威注意到，皇帝们从未“禁止占星术研究和理论研究”，他们“仅仅干涉从业者的职业实践，而且仅仅在特殊的政治紧张时期”。[15]

这也可以说是各个学科的整体情况，当然多少有些差别。数学、天文学、生物学和其他学科没有经历过明显的干预，如果说日心论未能获得支持，那不是因为政府谴责它，而是因为天文学家自己发现它不能令人满意。柏拉图在苏格拉底死后二十年内在雅典
169 建立了自己的学校，据我们所知，它有九百多年连续的历史（直到529 年查士丁尼关闭了所有异端学术中心），除了中间有过一段短暂的空白期。亚历山大大帝去世之后的公元前 307 年，雅典有六次孤注一掷重建民主制的尝试，其中一次采纳了一项法律，即要求哲学学校应得到国家的许可。此项措施具有明显的政治意图。柏拉图学园和亚里士多德学园这两所学校的杰出学生在之前的半个世纪里表现出了对僭主的倾慕。不管怎样，此法律在接下来那一年即公元前 306 年被撤销，于是伊壁鸠鲁迁移到雅典，并在那里组建了自己的学校。[16]

在古代，没有其他哲学家曾招致如此多的厌恶和憎恨：伊壁鸠鲁学派的成员间或被逐出希腊城市和罗马，伊壁鸠鲁的名字成了表达“邪恶”(atheist)之意的希伯来单词。有一本选集可能是由对该学派不道德行为和社会危害之类所熟悉的恶毒指控编辑而成。然而，皇帝朱里安在一封信——明显是作为对柏拉图的全面审查制度主张的回应——中，不得不承认晚至 4 世纪后半期，伊壁鸠鲁的作品仍可获得并仍在散播（《书信集》，89. 300c）。至于斯多葛派

学者——罗马早期皇帝们的追求目标，最具讽刺意味的是他们中的最后一位，持续享有盛誉的马可·奥勒留（Marcus Aurelius）皇帝在位期间，里昂和维也纳发生了一起极其严重的对基督徒的地方性迫害。*

然而，塔西佗式的对审查制度失灵的欣喜是没有道理的。如 170
罗马占星家的事例所揭示的那样，狭义的审查制度很少用来审查文字作品，除非它们包含对统治者个人或统治的寡头群体直接威胁——无论是真实的还是想象——的内容。这种容忍不能归因于任何有关言论自由是不可剥夺的人权概念，没有一个古代国家承认如此与时代不符的概念，甚至伯里克利时代的雅典也对此不予认同。如果国家没有进行审查，那仅仅是因为诸如此类的作品缺乏充分的影响。教学则是另外一回事，而且引起"骚乱"的其他交流形式也是另外一回事。所以采用放逐方式而不是审查制度。

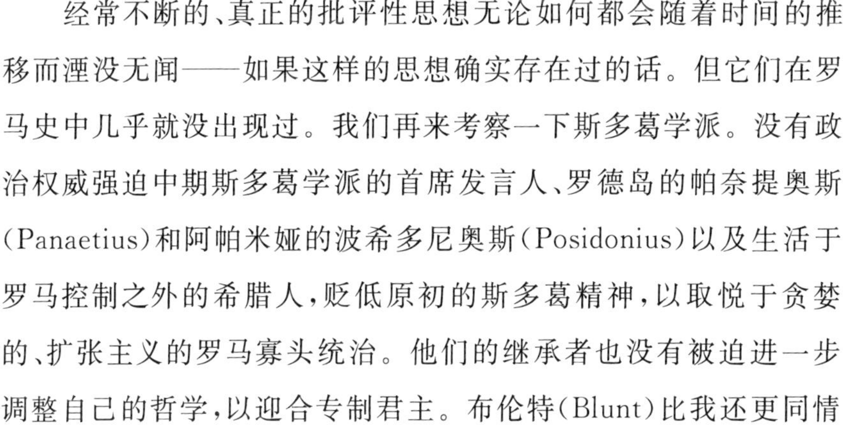

经常不断的、真正的批评性思想无论如何都会随着时间的推移而湮没无闻——如果这样的思想确实存在过的话。但它们在罗马史中几乎就没出现过。我们再来考察一下斯多葛学派。没有政治权威强迫中期斯多葛学派的首席发言人、罗德岛的帕奈提奥斯（Panaetius）和阿帕米娅的波希多尼奥斯（Posidonius）以及生活于罗马控制之外的希腊人，贬低原初的斯多葛精神，以取悦于贪婪的、扩张主义的罗马寡头统治。他们的继承者也没有被迫进一步调整自己的哲学，以迎合专制君主。布伦特（Blunt）比我还更同情

* 奥勒留皇帝是著名的斯多葛主义者，正因如此，作者才认为他在位期间发生迫害基督徒的事件才颇具讽刺意义。——译者

罗马的斯多葛哲学。正如他所承认的，到那时为止，“修辞和信仰很大程度上代替了问询和论证”。[17]黑格尔在他的《哲学史讲演录》
171 中以更专业的话语，轻蔑地讲到这一点：“所有的思辨兴趣都已荡然无存，修辞学或劝论的倾向显露出来。这类东西和我们牧师的说教一样，在哲学史上不可能提及。”

古典希腊的经验更令人关注，也更难以被遗忘。尽管人们不应夸大实践中的“直言”(*parrhesia*)，因为除了有教养的精英之外，在政治辩论中几乎没有其他人能站出来发言或出任(或者不那么热切地希望出任)政治官职和掌握领导权；尽管人们并不会忽视在欧里庇得斯戏剧中法律面前人人平等的理想背后所存在的严峻现实；但不管怎样，公元前5世纪的阿提卡喜剧和悲剧仍是无可怀疑的证据。特别是喜剧，在我的知识中没有与之可比的现象。在重大公共宗教节庆中，国家负责管理并给予资助，人们期待剧作家嘲笑和辱骂普通雅典人及其领袖，嘲弄和贬损战争努力以及能够想起来的任何立法事项，还有对神祇不敬，但几乎没有智者学派的人士敢冒这种风险。之后，仍是阿里斯托芬在世之年，发生了深刻的变化：喜剧不再毫无掩饰地展现真实人物，并完全不关心公共生活了。为什么？答案是，肯定与正常的审查制度无关。没有任何法律禁止公元前4世纪的剧作家继续他们前辈的传统；而且也没有任何东西约束公元前4世纪的演说家在公民大会上和陪审法庭
172 中，不再进行粗暴的、毫无幽默感的诽谤。

这种变化最终证明具有极其深远的影响。多德斯指出，“在公元前200年或大约公元前200年，一个聪明的观察者”也许会“痛苦地震惊”，因为他被告知希腊文明正进入“智识的缓慢衰落期，伴

随着某些虚幻的复兴和一些颇为光彩的个人抵御行为，这种衰落一直持续到土耳其人夺取拜占庭。在整整十六个世纪的等待中，希腊世界没有产生一位像提奥克利托斯（Theocritus）那般优秀的诗人，没有产生像埃拉托色尼（Eratosthenes）那样优秀的科学家。哲学中的那个伟大名字代表的是一种，据认为是业已消亡的观点，即先验的柏拉图主义”[18]。我几乎无须多说，罗马世界也是如此，只是出了几个伟大诗人而已。

这位历史家和文化社会学家面对的问题不会比这更重要、或许更困难的了。无论解释是什么——我并未提供解释——很明显，狭义的审查制度仅仅是一种偶然的、台面下的非正常行为。

# 注　　释

## 第一章

173　1　共同事业集团(Common Cause):《华盛顿报告》(*Report from Washington*),第2卷,第3期(1972年2月),第6页。一般来说,可以参见彼雷尔森等人(B. R. Berelson *et al.*):《选举》(*Voting*)(芝加哥,1954年);安格斯·坎贝尔等人(Angus Campbell *et al.*):《美国选民》(*The American Voter*)(纽约,1960年)。

2　利普赛特(S. M. Lipset):《政治人》(*Political Man*)(纽约加登城,1960年),第178页。

3　《政治研究》(*Political Studies*),第2期(1954年),分别在第25页和第37页。

4　杰兰特·帕里(Geraint Parry):《政治精英》(*Political Elites*)(伦敦,1969年),第144页。更准确地说,熊彼特著作的三章(第21—23章)体现了整个争论的压力。我引用的是《资本主义、社会主义和民主》的第四版(伦敦,1954年)。

5　《两种自由观》(*Two Concepts of Liberty*)(就职演说,牛津,1958年),在他的《关于自由的四篇论文》(*Four Essays on Liberty*)(伦敦,1969年)中重印,第118—172页;这里引用的句子分别出现在其著作的第132、134和145页。

6 沃尔克(J. C. Wahlke)指出了盛赞冷漠理论的缺陷,“政策诉求与体制支持:被代表者的角色”(“Policy Demands and System Support: The Role of the Represented”),载《英国政治科学期刊》(*British Journal of Political Science*),第1期(1971年),第271—290页,特别是第274—276页。令人惊奇的是,沃尔克本人以“象征性满意”的观念为基础,提出了“再形成代表理论”,这表明他同样不关心政府决策的实质。他写道:“低水平的公民利益现在绝对不能被视作‘冷漠’或者‘消极论’的真正标志,但可以被视作对政治共 174
同体适度支持的标志,如果针对这一点没有其他不同的证据的话。”(该期刊第286页)

7 《政党》一书的英译本是由伊登(Eden)和保罗(Cedar Paul)以意大利语修订版为基础翻译出版的(伦敦,1915年),再版时加入了S. M. 利普赛特的引言(科利尔图书出版公司,纽约,1962年)。我引用的是后者。

8 一般来说,可参见帕里(Parry)的《政治精英》(*Political Elites*);波特摩尔(T. B. Bottomore)的《精英与社会》(*Elites and Society*)(伦敦,1964年;企鹅1966年)。

9 参见J. L. 沃尔克:“对民主精英理论的一个批判”(“A Critique of the Elitist Theory of Democracy”)和达尔(R. A. Dahl)在《美国政治科学评论》(*American Political Science Review*)1966年第60期第285—305页和319—392页上的愤怒回击;利普赛特的米歇尔斯理论引言,载《政党》,第33—39页。

10 帕里:《政治精英》,第141页。

11 帕尔默(R. R. Palmer),“对1789—1799年间‘民主’一词的评注”(“Notes on the Use of the Word ‘Democracy’ 1789—1799”),载《政治学季刊》(*Political Science Quarterly*),第68期(1953年),第203—226页,引自第205页。

12 转引自注11帕尔默之文,《政治科学季刊》,第207页。

13　赫伯特·麦克洛斯基(Herbert Mcclosky):“美国政治中的审查制度与意识形态”(“Consensus and Ideology in American Politics”),载《美国政治学评论》(*American Political Science Review*),第58期(1964年),第361—382页,引自第377页。

14　利普赛特:《政党》,第6页。

15　相反,在1918年被任命为终身参议员之前,莫斯卡(Gaetano Mosca)一直是自由主义保守派的代表人物。墨索里尼掌权后,他反复重申自己支持代议制民主。见他的《政治学诸要素》(*Elementi di scienza politica*)1896年版第10章和1923年版第6章。收于卡恩(H. D. Kahn)翻译和利文斯通(Arthur Livingston)编辑的标题为《统治阶级》(*The Ruling Class*)一书英文版(纽约和伦敦,1939年)第10章和第17章,英文版由莫斯卡亲自审校。

16　利普赛特:米歇尔斯理论引言,载《政党》,第34页。

17　利普赛特:米歇尔斯理论引言,载《政党》,第33页。



18　昆廷·斯金纳(Quentin Skinner):“民主的经验主义理论家和他们的批评者:愿降祸于他们两家”(“The Empirical Theorists of Democracy and Their Critics:A Plague on Both Their Houses”),载《政治理论》(*Political Theory*),第1期(1973年),第287—306页。作者友好地允许我阅读此文手稿,也对我这里讨论的问题进行了精彩评论。参见格雷姆·邓肯和史蒂文·卢克斯(Graeme Duncan and Steven Lukes)的“新民主”(“The New
175 Democracy”),《政治研究》(*Political Studies*),第2期(1963年),第155—177页,引自第163页:一种显然不合理的推论,包含从“我们所称的‘民主’滑向了‘民主’”;也参见彼得·巴赫拉赫(Peter Bachrach):《民主精英理论:一种批判》(*The Theory of Democratic Elitism*, *A Critique*)(伦敦,1969年),第5—6页、95—99页。

19　伯林(Berlin):《自由》(*Liberty*),第118页,同类语境下的不同文字。

20　即使曾预言专家政治论将面对厄运的人士——基恩·麦诺德(Jean Meynaud)——优雅而微小的启示录也没有使我改变看法;例如他最近出版的保罗·巴恩斯翻译的《专家治国论》(*Technocracy*)(伦敦,1968 年)。

21　麦金德(H. J. Mackinder):《民主的观念与现实》(*Democratic Ideals and Reality*)(伦敦,1919 年),第 243 页。

22　参见彼得·拉斯利特(Peter Laslett):"面对面社会"("The Face to Face Society"),收于拉斯利特主编:《哲学、政治学和社会》(牛津,1956 年),第 157—184 页。

23　我已经过度简化和系统化了这方面的内容,但没有介绍任何重要谬误。本文第四章要对大陪审法庭做特殊评论。

24　这些问题和相关问题在后文第二章有充分讨论;参见奥利维耶·勒韦丹(Olivier Reverdin)的"关于公元前 5 世纪雅典政治生活札记"("Remarques sur la vie politique d'Athenes au Ve sieele"),载《海尔维蒂博物馆》(*Museum Helveticum*),第 2 期(1945 年),第 201—212 页。

25　熊彼特:《资本主义、社会主义与民主》,第 269 页。

26　帕特里奇(P. L. Partridge):"政治、哲学、意识形态"("Politics, Philosophy, Ideology"),载《政治研究》,第 9 期(1961 年),第 217—235 页,引自第 230 页。尽管这种简洁的话语形式并未出现在熊彼特的著作中——最接近的说法是"民主制乃政治家的统治"(第 285 页)——这无疑是正确的概括。熊彼特在其文章的前面(第 267 页)指出:"有这样一些社会模式,其古典学说确实适于解释事实",但他继而指出,就像在瑞士那样,"只是因为没有重大决策需要制定而已"。我没有必要评论关于瑞士的这种说法;我只需说,如我的文章下面的语句所说的那样,雅典的情况并非如此。

27　前引勒韦丹书,第 211 页。

28　目前对这个问题进行基本研究的是沃尔夫(H. J. Wolff):"雅典民主中的规范控制与法律观念"("'Normenkontrolle' and Gesetzesbegriff in der attischen Demokratie”)，载《海德堡科学院历史哲学会议报告》(*Sitzungsber,d. Heidelberger Akad. Der Wiss.，Phil.-hist.* Kl.)，第 2 卷(1970 年)。

29 在《泰阿泰德篇》(*Theaetetus*)中，对普罗塔哥拉斯的进一步批判涉
176 及他的教学，与我们关心的主题没有特别关系。

30 约翰·斯图亚特·穆勒(John Stuart Mill)：《论代议制政府》(*Considerations on Representative Government*)，世界经典丛书本，1948 年版，第 196—198 页。穆勒在 1840 年 10 月《爱丁堡评论》上发表的关于托克维尔《论美国的民主》一书的长篇评论文章中的第一部分，对这个论点进行了更为详细的论述。该文转载于《论文与讨论》(*Dissertations and Discussions*)，第 2 卷(伦敦，1859 年)，第 1—83 页。

31 穆勒：《论代议制政府》，第 274—275 页。

32 莱恩·戴维斯(Lane Davis)：“现实主义的代价：民主的当代重新评估”(“The Cost of Realism：Contemporary Restatements of Democracy”)，《西方政治季刊》(*Western Political Quarterly*)，第 12 期(1964 年)，第 33—46 页，引自第 40 页。参见麦克洛斯基：“美国政治中的共识与意识形态”，第 374—379 页。



33 熊彼特：《资本主义、社会主义与民主》，第 285 页。他理解这一发明的含义，我认为，他比他的学生对此理解得更为清晰，但他的结论当然与我的结论不同。

34 基辛格(Kissinger)：“国内结构与外交政策”(“Domestic Structure and Foreign Policy”)，载《代达路斯》(*Daedalus*)(斯普林，1966 年)，第 503—529 页，引自第 509、514、516 页。经典的记述是米歇尔斯的《政党》，尤其是第 I—III 部分。

35 基辛格：“国内结构与对外政策”，载《代达路斯》，第 514—518 页，对美国政治领导层思维模式的内涵进行了饶有意义的分析。

36　例如,可参见林奎斯特(J. H. Lindquist):"社会经济地位与政治参与"("Socioeconomic Status and Political Participation"),载《西方政治季刊》,第17期(1964年),第608—614页。

37　安德鲁·罗斯(Andrew Roth):《国会议员的商业背景》(*The Business Background of M. P. s*)(国会档案,伦敦,1966年)。关于欧洲大陆的民主制,不同之处仅在于大型的左翼政党尽管在最高层不乏"专业人士",但也从较下层阶级中选取更多的领导人。参见拉尔夫·米利班德(Ralph Miliband):《资本主义社会中的国家机关》(*The State in Capitalist Society*)(伦敦,1969年),第54—57页相关参考资料。

38　米歇尔·克洛泽尔(Michel Crozier),《官僚现象》(*The Bureaucratic Phenomenon*)(伦敦,1964年),第189页。

39　基辛格:"国内政治与对外政策",载《代达路斯》,第509—510页。

40　巴赫拉赫在其《民主精英理论》(*Democratic Elitism*),卡罗尔·帕特曼(Carole Pateman)在其《参与与民主理论》(*Participation and Democratic Theory*)(剑桥,1970年)中,力求在工人参与工业活动的现象中寻找解决办法。因此两者都把国家层面的政治归诸于精英。帕特曼夫人对这样的期望感到满意,即"普通人"将被更好的训练,以便对处于竞争中的精英们做出评 177
价。巴赫拉赫教授则完全放弃了国家的场景,认为"精英论点的主要推动作用是不容置疑的……参加国家层面的关键政治决策必定是极为有限的"(《民主精英理论》,第95页)。

41　沃尔克:"对民主精英理论的批判",载《美国政治学评论》,第292页。

42　利普赛特:《政治人》,第403页。

43　戴维斯:"现实主义的代价",载《西方政治季刊》,第46页。参见莱谢克·科拉科夫斯基(Leszek Kolakowski):《走向马克思人本主义》(*Toward a Marxist Humanism*),皮尔(J. Z. Pell)译,(纽约埃弗格林,1969年),第76

页:“权利是历史真实的惯性体现”;阿拉斯代尔·C.麦金太尔(Alasdair C. MacIntyre):《反这个时代的自我图像》(*Against the Self-Images of the Age*)(伦敦,1971 年),第 10 页:“意识形态终结”的“不仅仅是一种意识形态,而是一种缺乏任何解放力量的意识形态”。

## 第二章

1 《希腊史》(*A History of Greece*)(伦敦,1862 年新版),第 5 卷,第 317 页注释 3。

2 修昔底德只在《伯罗奔尼撒战争史》,4.21.3(此数字分别为古典著作的卷章节序号,这是古代学界注明出处的基本呈现形式,故保留原标注形式。余同。——译者)使用了“蛊惑民心的政客”这个词,在《伯罗奔尼撒战争史》,8.56.2 使用了“蛊惑行为”一词。

3 柏拉图:《雅典政制》,27—28;参见《政治学》,1274a3—10。戈姆(A. W. Gomme):《对修昔底德的历史评注》(*A Historical Commentary on Thucydides*)(牛津,1956 年),第 2 卷,第 193 页,指出“普鲁塔克把伯里克利的政治生涯分为两个完全不同的时期,第一个时期他运用基本的蛊惑民心的政客的技艺获得了权力,第二个时期当他获得了权力后,便杰出地使用了权力”。

4 阿里斯托芬在《骑士》(*Knights*)的第 191 和 217 行中各使用了一次“蛊惑民心的行为”和“蛊惑民心的”这两个词。另外,在幸存下来的他的剧本中,仅有动词“成为一个蛊惑民心的政客”,并在《蛙》(*Frogs*)第 419 行中再次使用这个词。

5 林托特(A. W. Lintott):《古典城市中的暴力、内乱和革命》(*Violence, Civil Strife and Revolution in the Classical City*)(伦敦,1982 年),他的说法不能令人满意。我们必须返回来参考洛恩(D. Loenen)的就职演说《派别》(*Stasis*)(阿姆斯特丹,1953 年);与现代作家们最一般的观点相反,他认为“非法行为根本就不是派别的持久因素”(《派别》,第 5 页)。

6　参见班伯勒(R. Bambrough):“柏拉图的政治分析”(“Plato's Political Analogies”),载《哲学、政治和社会》(*Philosophy, Politics and Society*),皮特·拉斯勒特编(牛津,1956年),第98—115页。 178

7　公元前427年,修昔底德在科基拉(Corcyra)有关派别的长篇说明(《伯罗奔尼撒战争史》,3.69—85)中,对这种观点进行了最充分的论述。

8　亚里士多德:《政治学》,1278b—1279b;1293b—1294b;参见波利比乌斯,6.3—9。

9　亚里士多德:《政治学》,1319a19—32;参见色诺芬:《希腊史》,5.2.5—7。

10　伪色诺芬:《雅典政制》(*Constition of Athens*),3.1;见福克斯(A. Fuks):“老寡头”(“The ‘Old Oligarch’”),载《耶路撒冷文书集》(*Scripta Hierosolymitana*),第1卷(1954年),第21—35页。

11　琼斯:《雅典民主制》(*Athenian Democracy*)(牛津,1957年),第3章。



12　哈弗洛克(E. A. Havelock):《希腊政治中的自由秉性》(*The Liberal Temper in Greek Politics*)(伦敦,1957年)。莫米格里亚诺在《意大利历史杂志》(*Rivista storica italiana*),第72期(1960年),第534—541页进行了评论。

13　埃伦博格:《古代世界面面观》(*Aspects of the Ancient World*)(牛津,1946年),第40—45页。

14　关于出席雅典公民大会会议的情况,参见汉森(M. H. Hansen)在《希腊、罗马和拜占庭研究》(*Greek, Roman and Byzantine Studies*),第17期(1976年),第115—134页和第23期(1982年),第241—249页上发表的两篇文章,经过修改之后在他的著作《雅典公民大会》(*The Athenian Ecclesia*)(哥本哈根,1983年),第1—2章中转载。

15　参见汉森:“公元前403—前322年雅典的政治家”(“The Athenian

‘Politicians,’ 403-322B. C.”)，载《希腊、罗马和拜占庭研究》，第 24 期(1983 年)，第 33—35 页；以及“公元前 4 世纪雅典的演说家和将军”(“*Rhetores* and *Strategoi* in Fourth-Century Athens”)，载《希腊、罗马和拜占庭研究》，第 24 期(1984 年)，第 151—180 页。

16　参见勒韦丹颇有价值的论文：“公元前 5 世纪雅典政治生活评注”，载《海尔维蒂博物馆》，第 2 期(1945 年)，第 201—212 页。我的著作《古代世界的政治》(*Politics in the Ancient World*)(剑桥，1983 年)，尤其是第 4 章。

17　在《听众》(*The Listener*)(1961 年 2 月 2 日)，第 233 页中的一篇评论。

18　普鲁塔克：《伯里克利传》，11. 2。公元前 410 年恢复的民主制要求议事会成员靠抽签产生，然后宣誓就职，就是为了对付这种策略——载《菲罗克洛斯》(*Philochorus*)，328 F 140。

19　参见康纳(W. R. Connor)：《公元前 5 世纪雅典的新政治家》(*The New Politicians of Fifth-Century Athens*)(普林斯顿，1971 年)，以及安波罗(C. Ampolo)的评论，载《古典考古》(*Archeologia Classica*)，第 27 期(1975 年)，第 95—100 页。

179 20　“依靠法治的国家……是过去的理想，甚至是梭伦的理想……现在意味着以不平等为基础的最好的政体。现在它是寡头制的理想。”见埃伦博格：《古代世界面面观》，第 92 页。

21　关于“古代国家的民众”(“Of the Populousness of Ancient Nations”)，收于《论文集》(*Essays*)(世界古典学版，伦敦，1903 年)，第 405—406 页。参见雅各布·布克哈特(Jacob Burckhardt)：《希腊文化史》(*Griechische Kulturgeschichte*)(达姆施塔特 1956 年重印)，第Ⅱ卷，第 80—81 页。

22　柏拉图：《书信集》(*Epistles*)，VII 325b；参见色诺芬：《希腊史》，2. 4. 43；亚里士多德：《雅典政制》(*Constitution of Athens*)，40。

23　弗拉斯托斯(G. Vlastos):"权利平等"("*Isonomia*"),载《美国文献学期刊》(*American Journal of Philology*),第74期(1953年),第337—366页。参见琼斯:《雅典民主制》,第52页:"一般而言……民主人士倾向于像亚里士多德那样,把法律看作是由聪明的立法者一劳永逸地设立的法典……原则上是不容侵犯的,但偶尔可能需要阐释或补充。""法治"本身是一个复杂的主题,但这不是本章的主题。对单个蛊惑民心的政客的评价也不是本章的主题。

24　阿克顿:"古代自由史"("The History of Freedom in Antiquity"),载《论自由与权力文集》(*Essays on Freedom and Power*),希梅尔法布(G. Himmelfarb)主编,(伦敦,1956年),第64页。

## 第三章

1　帕特里奇:"政治、哲学、意识形态"[1:26],载《政治研究》,第9期(1961年),第222页。

2　朱迪恩·N. 什科拉(Judith N. Shklar):《乌托邦之后:政治信仰的衰落》(*After Utopia. The Decline of Political Faith*)(普林斯顿,1957年),第272页。

3　参见麦金太尔:《反这个时代的自我图像》,[1:43],第278页。

4　同上。

5　德·圣克鲁瓦(G. E. M. de Ste. Croix):《伯罗奔尼撒战争的起源》(*The Origins of the Peloponnesian War*)(伦敦,1972年);康纳德·卡根(Donald Kagan):《伯罗奔尼撒战争的爆发》(*The Outbreak of the Peloponnesian War*)(伊萨卡和伦敦,1969年)。

6　普里切特(W. K. Pritchett):《古希腊的军事实践》(*Ancient Greek Military Practices*),第一部分(加州大学出版社,《古典研究》,第7卷[1971年],第1—2章)。

7 大卫·布莱克曼(David Blackman):"'五十年时期'雅典海军和同盟海军的贡献"("The Athenian Navy and Allied Naval Contributions in the Pentecontaetia"),载《希腊、罗马和拜占庭研究》,第10期(1969年),第179—216页。

180 8 戴维斯(J. K. Davies):"德谟斯提尼论社会捐献:一个注释"("Demosthenes on Liturgies: A Note"),载《希腊研究杂志》,第87期(1967年),第33—40页。关于社会心理学含义,参见阿德金斯(A. W. H. Adkins):《古希腊的道德价值和政治行为》(*Moral Values and Political Behaviour in Ancient Greece*)(伦敦和纽约,1972年),第121—126页(和第60—62页关于重装步兵和财富)。

9 参见拉塞尔·梅格斯(Russell Meiggs):《雅典帝国》(*The Athenian Empire*)(牛津,1972年),第21章"公元前5世纪的审判"("Fifth-Century Judgements")。



10 《关于国家理性的观念》(*Die Idee der Staatsräon*),道格拉斯·斯科特(Douglas Scott)以《马基雅维利主义》(*Machiavellism*)为标题对其进行了翻译(伦敦,1957年),第1页。我修改了译文。

11 《马基雅维利主义》,第409页注释1。

12 同样的评论也适用于"政治理想主义":"缺乏更准确的说明文字,它失去了所有的实际内涵,仅仅变成了军事口号。"(科拉科夫斯基:《走向马克思人本主义》,[1:43],第108页)。

13 参见芬利:"希腊世界中的城市自由"("The Freedom of the City in the Greek World,"),收在我的《古希腊的经济与社会》(*Economy and Society in Ancient Greece*)(伦敦和纽约,1981年),第五章。

14 参见布鲁斯(I. A. F. Bruce):"公元前472年的科基拉内战"("The Corcyraean Civil War of 472 B. C."),载《凤凰》(*Phoenix*),第25期(1971年),第108—117页。

15　参见德·圣克鲁瓦:《伯罗奔尼撒战争的起源》,第34—42页;“雅典帝国的特征”(“The Character of the Athenian Empire”),载《历史》(*Historia*),第3期(1954年),第1—41页。

16　我已经在我的《古代经济》(*The Ancient Economy*)(伯克利和伦敦,1985年第2版)第2章中讨论了这个问题。

17　哈斯(E. B. Haas):《期望的纠结》(*Tangle of Hopes*)(恩格尔伍德-格里弗斯,新泽西,1969年),第234—235页。

18　基辛格:“国内结构与对外政策”,[1:34],载《代达路斯》,第516页。

19　帕特里奇:《政治、哲学、意识形态》[1:26],载《政治研究》,第222—223页。“在西方世界……今天在**知识分子中间**有一个关于政治问题的粗略**共识**:接受福利国家,渴望分权,希冀混合经济制度和政治多元主义。在这个意义上,意识形态时代也就结束了。”参见丹尼尔·贝尔(Daniel Bell):《意识形态的终结》(*The End of Ideology*)(纽约和伦敦,1965年修订版),第402—403页。我在这里(加着重号)的单词是我的文章接下来要讨论的重点问题。

20　迈克尔·曼(Michael Mann):“自由民主体制的社会内聚力”(“The Social Cohesion of Liberal Democracy”),载《美国社会学评论》,第35期(1970 181
年),第423—439页,引自第435页(对二十年前相关调查的重要考察与分析)。

21　弗里和哈德利·坎特里尔(L. A. Free and Hadley Cantril):《美国的政治信仰》(*The Political Beliefs of Americans*)(新布伦瑞克,1967年),第51页。

22　同上书,第32页;迈克尔·曼:“自由民主体制的社会内聚力”,《美国社会学评论》第435页转载了概括表。

23　汤姆森和霍顿(W. E. Thompson and J. E. Horton):“作为政治行动一种力量的政治疏离”(“Political Alienation as a Force in Political Action”),载《社会力量》(*Social Forces*),第38期(1959—1960年),第190—195页;参

见迈克尔·曼:“自由民主中的社会内聚力”,《美国社会与评论》,第429页和第433页表3。利普赛特和厄尔·拉布(S. M. Lipset and Earl Raab):《非理性政治》(*The Politics of Unreason*)(伦敦,1971年)。在他们的综述(该书第476—477页)和他们自己的结论(该书第508—515页)中,省略了弗里·坎特里尔发现的这一方面;他们从未把真正的政治潜能作为造成“极端主义”看法的一个可能因素。

24 麦金太尔:《反这个时代的自我图像》,[1:43],第10页。

25 汤姆森和霍顿:“作为政治行动一种力量的政治疏离”;麦克洛斯基:“美国政治中的共识与意识形态”,[1:13],特别是《美国政治学评论》第371页表VII。多佛(K. J. Dover),在《牛津古典词典》1970年第2版第113页指出,阿里斯托芬描绘的雅典政治家“与‘我们’今天对‘他们’的讽刺方式没有多大差别”,这种观点已经被德·圣克鲁瓦在《伯罗奔尼撒战争的起源》第359—362页上予以否定。多佛最近的阐述(《阿里斯托芬喜剧》伦敦和伯克利,1972年,第31—41页)——“普通人对上层权威人士的敌视”“个体对社会的敌视”——与事实根本不符。

26 《在红与黑中:马克思主义者对南部和非洲裔美国人历史的研究》(*In Red and Black*:*Marxian Explorations in Southern and Afro-American History*)(纽约和伦敦,1971年)第33页上,他不仅大量引用了葛兰西的《歌剧》(*Opere*),还引用了坎梅特(J. M. Cammett)的《安东尼奥·葛兰西与意大利共产主义的起源》(*Antonio Gramsci and the Origin of Italian Communism*)(斯坦福,1967年)。

27 戴维斯(D. B. Davis):《西方文化中的奴隶问题》(*The Problem of Slavery in Western Culture*)(伊萨卡,1966年),第一部分;亚维斯·汉克(Lewis Hanke):《亚里士多德与美洲印第安人》(*Aristotle and the American Indians*)(伦敦,1959年)。

28 参见迈克尔·曼:“自由民主中的社会内聚力”,载《美国社会学评论》,第435—437页。参见弗里和坎特里尔:《美国人的政治信仰》,第176—181页:"……大多数美国人的基本个人政治信条在意识形态层面上始终是 182
完整无损的。但人们生活其中的客观环境显然发生了重大变化……毫无疑问,重新阐述美国意识形态,使其与大多数人的需求与赞同相适应的时刻已经来临。"

29 内特尔(J. P. Nettl):《政治动员》(*Political Mobilization*)(伦敦,1967年),第163页;第六章的大部分内容都在阐释这一点。

30 利普塞特和拉布在《非理性政治》中的标题为"极端主义:一个定义"(该书第4—7页),注意这部分的"定义"的不确定性。

31 同上书,第432页和之后的斜体部分。

32 亚历山德罗·波特斯(Alejandro Portes):"贫民窟的理性:关于诠释社会学的一篇论文"("Rationality in the Slum: An Essay on Interpretive Sociology"),载《社会与历史比较研究》(*Comparative Studies in Society and History*),第14期(1972年),第268—286页,引自第286页。

## 第四章

1 穆勒:《论代议制政府》(世界古典丛书重印版,1948年),第15页。

2 同上书,分别见第9页和第120页。

3 哈特(H. L. A. Hart):《法律观念》(*The Concept of Law*)(牛津,1961年);帕特里克·德夫林(Patrick Devlin):《道德的实行》(*The Enforcement of Morals*)(伦敦,1965年)。

4 小扎卡赖亚·查菲(Zachariah Chafee, Jr.):《美国的言论自由》(*Free Speech in the United States*)(马萨诸塞州剑桥,1941年),第35页。

5 在亨利·法兰克福等人(Henri Frankfort. *et al.*)主编的《哲学之前》(*Before Philosophy*)(企鹅版,1949年),第217页。

6 美国与"1776年精神"(United States *vs.* "The Spirit of 76"252 Fed.

946)，引自查菲的《美国的言论自由》，第 34—35 页。

7　参见伯恩哈德·克瑙斯(Bernhard Knauss)具有洞察力的评论，见《希腊国家和人民》(*Staat und Mensch in Hellas*)(柏林，1940 年；达玛塔特重印版，1964 年)，第 122—128 页。

8　参见《和平》(*Peace*)，第 107—108 页；《骑士》(*Kinghts*)，第 477—478 页；《地母节妇女》(*Thesmophoriazusae*)，第 335—338 页。

9　我完全同意克鲁瓦在《伯罗奔尼撒战争的起源》，[2:5]，附录 29，"阿里斯托芬的政治视野"("The Political Outlook of Aristophanes")中的分析(含有其他观点的充分信息)。

183 10　《卫报》1967 年 5 月 2 日。在随后频繁往来的信件中，霍格(Hon. Quintin Hogg，M. P.)在《时代》杂志(5 月 10 日)关于伦敦的栏目中提醒了我：《阿卡奈人》《骑士》《黄蜂》《和平》和《吕西斯特拉塔》："诽谤活着的人，今天将在法庭上受到禁令的限制。"

11　在这一法律段落之后，对雅典渎神审判的唯一完整研究是德雷纳(E. Derenne)的《对雅典哲学家的渎神诉讼》(*Les Procès d'impiété intents aux philosophes àAthénes...*)，载《列日大学哲学与文学系丛书》(*Bibliothè que de la Faculté de Philosophie et letters à l'Université de Liège*)，第 45 卷(1930 年)。

12　见阿德科克(F. E. Adcock)在《剑桥古代史》(*the Cambridge Ancient History*)，第 5 卷(1927 年)，第 478 页所述。

13　在接下来的内容中，我忽略了同时代埃琉西斯(Eleusis)的德墨忒耳(Demeter)秘仪的"亵渎"诽谤。正是这种诽谤，而非圣像破坏运动，导致对亚西比德不敬神的指控。

14　富人卷入其中这件事由幸存的片断史料得到证实。史料记载了一些罚没财产被公共廉价拍卖的事；对材料进行最充分分析的是普里切特(W. K. Pritchett)："阿提卡石碑"("The Attic Stelai")，载《希斯皮里亚》(*Hesperia*)，第 22 期(1953 年)，第 225—299 页和第 25 期(1956 年)，第 178—328 页。

15　穆勒:《论文与讨论》,[1:30],第2卷,第540页。

16　最充分的记载仍然是保罗·克洛歇(Paul Cloché):《公元前403年雅典民主制的恢复》(*La Restauration démocratique à Athènes en 403 avant J.-C.*)(巴黎,1915年);参见道尔坚(A. P. Dorjahn):《古代雅典的政治宽恕》(*Political Forgiveness in Old Athens*)(埃文斯顿,伊利诺伊州,1946年);列维(Lévy)编:《公元前404年战败前的雅典》(*Athènes devant la défaite de 404*),《法国雅典与罗马学院丛书》(*Bibli. Des Ecoles francaises d'Athènes et Rome*),第225卷(1976年)。

17　接下来的内容就其本质而言,是我在《古史面面观》(*Aspects of Antiquity*)(企鹅第2版,1977年),第5章提供的对苏格拉底审判的分析。

18　色诺芬:《回忆苏格拉底》(*Memorabilia*),1.1.1;第欧根尼·拉尔修:《名哲言行录》(*Lives of the Philosphers*),2.40。后者引用了某个法沃里努斯(Favorinus)(2世纪早期)的观点,认为文献在雅典官方档案——Metroön——中仍可得到,而且那一点被广泛认可。对这句话的细致(非法理的)分析,见雷金纳德·哈克福思(Reginald Hackforth):《柏拉图〈申辩篇〉的构成》(*The Composition of Plato's Apology*)(剑桥,1933年),第4章。

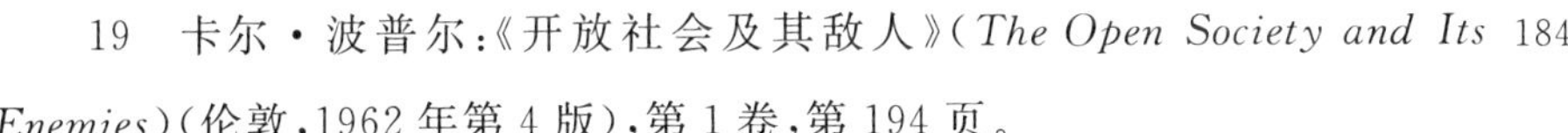

19　卡尔·波普尔:《开放社会及其敌人》(*The Open Society and Its* 184
*Enemies*)(伦敦,1962年第4版),第1卷,第194页。

## 第五章

1　多德斯(E. R. Dodds):《希腊人与非理性》(*The Greeks and the Irrational*)(伯克利,1951年),第188页。

2　引自哈纳克(A. Harnack):《至尤西比乌斯的早期基督教文献史》(*Geschichte der altchristlichen Literatur bis Eusebius*),第1部(莱比锡,1893年),第xxi页。

3　巴登(H. Bardon)引自沃特(A. F. Wert)《散佚的拉丁文献》(*La*

*littérature latine inconnue*),第 1 卷(巴黎,1952 年),第 13 页。

4 “谱系收藏”(“The Collection of Genealogies”),载《罗德斯-利文斯通期刊》(*Rhodes-Livingstone Journal*),第 5 期(1947 年),第 48—55 页。

5 参见卡梅伦(A. D. E. Cameron):“奥古斯都历史中的文学典故”(“Literary Allusions in the Historia Augusta”),载《赫尔墨斯》(*Hermes*),第 92 期(1964 年),第 363—377 页。

6 参见克拉默(F. H. Cramer):“古罗马的焚书与审查制度”(“Bookburning and Censorship in Ancient Rome”),载《观念史期刊》(*Journal of the History of Ideas*),第 6 期(1945 年),第 157—196 页;参见施派尔(W. Speyer):“焚书”(“Bücherverbrennung”),载《古代基督教年鉴》(*Jahrbuch für Antike und Christentum*),第 13 期(1970 年),第 123—152 页。

7 哈纳克:《至尤西比乌斯的早期基督教文献史》,第 xxiv 页注释 2。

8 乔斯林(H. D. Jocelyn):“诗人奈维乌斯、科尔奈利乌斯·西衣阿和凯西利乌斯·麦泰鲁斯”(“The Poet Cn. Naevius, P. Cornelius Scipio and Q. Caecilius Metellus”),载《逆向地球》(*Antichthon*),第 3 期(1969 年),第 32—47 页,引自第 34 页。



9 莫米格里亚诺:《观念的历史词典》(*Dictionary of the History of Ideas*),第 2 卷(纽约,1973 年),第 261 页。

10 哈弗洛克(E. A. Havelock):《柏拉图序》(*Preface to Plato*)(牛津,1963 年),第 40 页。

11 西塞罗:《论共和国》,4. 10. 12;参见克鲁克:(J. A. Crook):《罗马的法律与生活》(*Law and Life at Rome*)(伦敦,1967 年),第 251—252 页。

12 乔斯林:“罗马共和国的统治阶级和希腊哲学家”(“The Ruling Class of the Roman Republic and Greek Philosophers”),载《约翰·瑞兰德图书馆通报》(*Bulletin of the John Rylands Library*),第 59 期(1977 年),第 323—366 页,引自第 359 页。

13　苏埃托尼乌斯:《论修辞》(*De rhetoribus*)1—2,引自克拉克(M. L. Clarke)的《罗马的修辞学》(*Rhetoric at Rome*)(伦敦,1953 年),第 11—12 页。

14　参见克拉默:《罗马法与罗马政治中的占星术》(*Astrology in Roman Law and Politics*)(费城,1954 年)。关于正规的和法律的方面,鲍曼(R. A. 185
Bauman)的《皇帝的罪孽》(*Impietas in principem*)一书(慕尼黑,1974 年),特别是第 59—69 页,纠正了克拉默的观点。

15　克拉默:《罗马法律与罗马政治中的占星术》,第 247 页。

16　弗格森(W. S. Ferguson):《希腊化时代的雅典》(*Hellenistic Athens*)(伦敦,1911 年),第 104—107 页。

17　布伦特(P. A. Brunt):"斯多葛主义与元首政治"("Stoicism and the Principate"),载《罗马英国学院论刊》(*Papers of the British School at Rome*),第 43 期(1975 年),第 7—35 页,引自第 10 页。

18　多德斯:《希腊人与非理性》,第 243—244 页。

# 索　　引

（索引页码为原书页码，即本书边码）

**图书在版编目(CIP)数据**

古代民主与现代民主/(英)M. I. 芬利著;郭小凌,郭子林译.—北京:商务印书馆,2017
(汉译世界学术名著丛书:120 年纪念版:珍藏本)
ISBN 978-7-100-14249-6

Ⅰ.①古… Ⅱ.①M… ②郭… ③郭… Ⅲ.①民主—研究 Ⅳ.①D082

中国版本图书馆 CIP 数据核字(2017)第 137786 号



汉译世界学术名著丛书
(120 年纪念版·珍藏本)
**古代民主与现代民主**
〔英〕M. I. 芬利 著
郭小凌 郭子林 译

---

商 务 印 书 馆 出 版
(北京王府井大街 36 号 邮政编码 100710)
商 务 印 书 馆 发 行
北 京 通 州 皇 家 印 刷 厂 印 刷
ISBN 978-7-100-14249-6

---

2017 年 12 月第 1 版　　开本 710×1000 1/16
2017 年 12 月北京第 1 次印刷　　印张 10¼
定价:50.00 元